JN070917

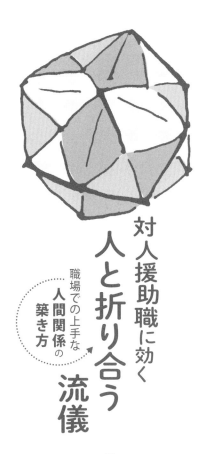

対人援助職に効く

人と折り合う流儀

職場での上手な人間関係の築き方

竹田伸也

中央法規

まえがき

みなさん、こんにちは。この本を手に取ってくださり、ありがとうございます。

　『対人援助職に効く』シリーズも、今回で3作目となりました。今回のテーマは、「居心地よい職場づくり」です。職場環境を考える際のキーワードに、「心理的安全性」があります。心理的安全性は、その言葉の提唱者とされるエドモンドソンによると「チームの他のメンバーが、自分の発言を拒絶したり罰したりしないと確信できる状態」を指すとのことです。こうした状態が保障された環境は、居心地よい職場づくりのためにとても大切なものだと思います。ちなみに、心理的安全性のメリットとして、組織のパフォーマンスを高めることがあるといわれます。たしかにそれは大事なことでしょう。けれども、パフォーマンスを発揮するのは、そこで働く人々です。だとすれば、組織で働く人々が少しでも気持ちよく働くにはどうすればよいかという視点をもつことは、パフォーマンスを高めることに負けないくらい大切なことではないでしょうか。

　働く人々がまったく気持ちよく働けていないのに、組織のパフォーマンスが高いという組織も、場合によってはあるでしょう。いや、あるというよりも、近頃の生産性や効率重視の組織マネジメントを見ていると、むしろそうしたあり様こそ求むべき組織の姿だと考える人もいるかもしれません。しかし、働く人々が気持ちよく働けないままに、組織のパフォーマンスだけを高めようとする組織マネジメントは、長い目でみると必ず失敗します。

　だって、そうですよね。スタッフが全然気持ちよく働けていないのに、その組織のパフォーマンスが高いというのは、スタッフの力がひたすら搾り取られているということですから。そうしたあり様は、今はよくても、長期的に見て組織のパフォーマンスを持続させるはずはありません。見切りをつけたスタッフが離職すればするほど、新たに雇うスタッフの教育にコストをかけなくてはなりません。それでも残って働き続けてくれているスタッフは、とにかく成果を求める組織の風潮に長年さらされ、からだや心の健康を崩してしまうかもしれません。スタッフが気持ちよく働ける職場環境を考えないのは、働く人々にとってのみならず、組織にとっても割に合わないことなのです。

特に、本書の対象としている対人援助職のみなさんは、世話好きで自分のケアより相手のケアを第一に考える人が少なくありません。どうしても、自分のメンテナンスは後回しになってしまうことが多いように思うのです。みなさんが大切にしている「相手のためによりよいケアを届けたい」という思いを行為に託すためにも、自分のことを大切にしてほしい。そのために、本書では居心地よい職場に照準を合わせました。居心地よい職場をつくるために、なんといっても要となるのは職場の人間関係です。職場の人間関係に悩んでいる人は、きっと少なくないでしょう。そうした人間関係の悩みを何とかするにはどうすればよいか。そのために、本書では「折り合う」という営みをキーワードとして話を進めてみようと思います。なぜ「折り合う」ことが大切かは、おいおいお伝えしますので楽しみにしていてください。

ちなみに、随所に登場する「折り紙」は、本書のテーマである「折り合う」のモチーフです。「まえがき」から「あとがき」までの各章のアイコンのように、12枚の折り紙を折り合わせていくと、「くす玉」ができあがります。くす玉は職場を表しており、読み進めるごとに、居心地よい職場をつくりあげていってほしいという私たちの願いが込められています。

本書は、4章構成からなります。

第1章では、職場の人間関係の悩みについて、さまざまな視点から述べてみようと思います。そして、最後の第4章では居心地よい職場づくりに向けた勇気づけのメッセージを、私からみなさんにお届けしたいと思います。人と折り合うための具体的な方法は、第2章と第3章でお伝えします。このなかでは、上手に「ネガティブな対応」と「ポジティブな対応」をするための"マイナーチェンジ"について述べています。みなさんは、これまで自分の成長や問題解決のために何をすればよいかといった話を、ネットや書籍などさまざまな媒体で見聞きしたことがあると思います。そのときにこう思うことはなかったでしょうか。「それができたら苦労しないよ」と。たしかに、伝えられる情報は、それが実現するとよりよい結果をもたらしてくれそうに思える。でも、求められる

内容が「自分をガラッと変えよう」というフルモデルチェンジ的な話だと、あまりにハードルが高すぎてやってみようとは思えない。

けれども、ちょっとしたことを変えてみる程度のマイナーチェンジだと、無理せずできるので「やってみよう」と思えるのではないでしょうか。本書では、居心地よい職場づくりのために、さまざまな対応を上手に行うためのマイナーチェンジのポイントをお話してみようと思います。そのあとに、ちょっとしたチャレンジで職場を少しでも居心地よくする“マイナーチャレンジ”についても、話を広げてみようと思います。そして各パートの終わりに、“マイナーな補足”としてそれぞれで提案した話を少し深めた情報をお届けします。

そうなんです。本書で伝えることは、どれもマイナー（些細）な提案です。けれども、こうした小さな変化はあなどれません。なぜなら、大きな変化はすべて小さな変化の積み重ねによって起こるからです。

本書のおもしろいところは、ポジティブな対応だけでなく、「ネガティブな対応」を上手に行うための話も盛り込んでいることです。目次の「上手に『ネガティブな対応』をするためのマイナーチェンジ」をご覧いただくと、ぎょっとされるかもしれません。「えっ！？ こんなことを上手にするなんてできるの？ いやいや、そもそもうしろめたさすら感じてしまうこんなことを、してもいいの？」と。

たしかに、「ネガティブな対応」として表しているそれらの営みは、しないに越したことはありません。でも、「これはよくないからやってはダメ」とわかっていても、私たちはどうしてもやってしまう。それって、私たちがもつ自然な弱さだと思うんです。

だとすれば、そうしたネガティブな対応をしないでおこうと、自分に無理な制限を課すよりも、ネガティブな対応を上手にするためのマイナーチェンジを考えたほうが、私たちにとってなじみやすいのではないでしょうか。とはいえ、ネガティブな対応をそのままやってしまうと、職場の居心地は悪くなる。ここでは、ネガティブな対応をする人もされる人も報われるような話をしてみたいと思っています。

それでは、これから「居心地よい職場」をつくり出すための、些細な変化とチャレンジの旅に出かけましょう。

もくじ

第3章 上手に「ポジティブな対応」をするマイナーチェンジ

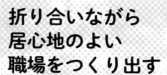

第**4**章　折り合いながら
居心地のよい
職場をつくり出す

あとがき

人間関係の悩みは
「折り合い」と
「マイナーチェンジ」で
乗り越えられる

1 対人援助職の離職理由の上位「人間関係の悩み」

職場のスタッフとの関係が離職を左右する

　突然ですが、あなたはこれまで仕事を辞めたいと思ったことがありますか？　あるとすれば、それはどういう理由だったのでしょうか。さまざまな理由があるなかで、多くの人に共通している「辞めたい理由」。それは、職場の人間関係の悩みではないでしょうか。私も、仕事を辞めたいと思ったことが何度かあります。やはり、その理由もだいたいは職場の人間関係の悩みでした。看護師や介護職を対象とした国内の大規模調査でも、離職理由として上位に挙がるのは職場の人間関係の悩みです。このあたりからも、**対人援助職にとって職場の人間関係の悩みは、離職の可能性を高める大きな理由になる**ことが理解できます。

　対人援助職は、その名が示すとおり支援を必要とする人に対して、何らかのサポートを行います。なので、利用者や患者との関係に悩むことも、援助職にとっては職場の人間関係の悩みといえるでしょう。ですが、利用者や患者との関係は、状態の変化によって支援が終結したり他の支援機関に移ったりと、流動性が高いのも事実です。そうなると、**辞めない限り近くで共に働くことになるスタッフとの関係こそ、離職を左右する大きな要因となり得る**のではないでしょうか。

　そうだとしたら、職場のスタッフとの人間関係の悩みは、仕事を辞めたいという離職意図にどの程度影響するものなのでしょうか。それを知るために、私たち研究チームは介護事業所に勤める介護職員を対象に調査を行いました。すると、職場のスタッフとの人間関係の悩みをもつ人は、もたない人と比べて2倍程度、離職意図が高かったのです (Takeda & Fukuzaki, 2023)。やはり、職場のスタッフとの人間関係は、援助職にとって気持ちよく働き続けるための重要な要因となりそうです。

対人援助職にとって 職場の人間関係が大事なワケ

　職場の人間関係は、どのような業種であってもよりよく働くうえで重要でしょう。ですが、対人援助職ならではの、職場の人間関係が大事なワケがあります。

　まず、対人援助の多くの職場では、慢性的な人手不足を抱えています。医療や介護、福祉といった領域を問わず、対人援助業界では採用が困難な状態が続いており、同業他社との人材獲得競争に陥っています。あなたが今いる職場やこれまで働いていた職場でも、人手が足りないことを肌で実感していたのではないでしょうか。そうしたなかでの高い離職率は、職場で働くスタッフの負担がさらに増すこととなり、利用者や患者に対するケアの質の低下も招きます。

　つまり、職場の人間関係の悩みによってスタッフが離職すればするほど、**その影響はスタッフだけでなく、サポートを受ける利用者や患者にまで波及してしまう**のです。

　また、チーム医療や多職種連携という言葉があるように、利用者や患者への支援は職種を問わず一人で成し得るものではありませ

ん。一人の利用者や患者を支援するために、多くのスタッフが方針を共有し、協力しながら進めていかなければなりません。それなのに、**職場の人間関係が悪ければ、方針の違いをすり合わせるやりとりも難しくなるでしょうし、利用者や患者に最も必要とされる質の高い支援を届けられなくなってしまいます。**

　何よりも、人間関係が悪い職場は居心地がよくありません。せっかく働くのであれば居心地のよい職場で働きたいと誰もが思うでしょう。それに、職場の人間関係は、そこで働くスタッフのメンタルヘルスと深く関係しています。心の健康を損ねるリスクは誰にでもあり、**職場の誰かが心に不調をきたしたとしたら、それはその職場に誰もが心に不調をきたすような環境要因がある**ことを示しているのです。なので、心の健康を崩したスタッフがいた場合、他人事ではなく自分の課題として、今の職場はどのような負荷がかかりやすく、どのような環境を整えればよいのか、スタッフみんなで話し合う風通しの良さが求められます。

　しかし、人間関係がよくない職場では、「メンタルを崩したのは、その人の責任」と一蹴されてしまうことになりかねません。これでは、職場にいる誰もが心の健康を崩すリスクを背負いこんでしまいます。

　以上のような理由で、対人援助職にとって職場の人間関係はことのほか重要なテーマなのです。

悩みのカテゴリー

　では、実際のところ対人援助職は、どのような人間関係の悩みを抱えているのでしょうか。先述の調査で「職場で人間関係の悩みがある」と答えた人に、どのような悩みなのかを自由記述で答えてもらいました。そうして見出されたのが、**表1-1**に示した6つのカテゴリーです。

表1-1　職場で起こりやすい人間関係の悩み

☐ **コミュニケーション不足**
　スタッフとの十分なコミュニケーションがとれない

☐ **嫌がらせ**
　無視される、陰口を聞かされる、態度がきつい（ハラスメントにかかわる内容）

☐ **業務量の不公平感**
　個々人の業務量に差がある、十分に協力し合えない

☐ **業務についての考え方の違い**
　仕事やケアの方向性など業務に関する考え方の違い

☐ **部下や新人への指導困難**
　部下との意見の食い違い、指導の際の価値観のずれ

☐ **ラベリング**
　「性格が悪い」のように相手にネガティブなラベルを貼り、嫌いになる

　いかがでしょう。あなたが職場で感じている人間関係の悩みのなかに、「あるある！」と思えるような内容が見つかりはしなかったでしょうか。おそらく、ここに挙がった6つのカテゴリーは、どのような職種であれ、対人援助の職場で働く人々にとって人間関係の悩みの種となっていることと思います。というのも、いずれも利用者や患者に対する支援をより困難にするものばかりだからです。

結局のところ、職場のスタッフに対して人間関係の悩みを抱くのは、それによって利用者や患者に対して十分な支援ができないというところに行きつくのかもしれません。そしてそれは、裏を返すと「せっかくするからには、よい支援がしたい」という気持ちの表れとして理解することもできるのではないでしょうか。**職場のスタッフとの人間関係の悩みは、よい支援がしたいという気持ちとかかわっている。**そう考えると、私たちはふだんから利用者や患者のために本当によくやっていると、自分を認めてあげてもよいと思うのです。

　このあと第2章と第3章で取り上げるネガティブな対応やポジティブな対応は、先述の調査結果や私のこれまでの経験を踏まえ、対人援助職だからこその「よくあるネタ」を扱っています。そして、介護や医療、福祉など幅広いジャンルからさまざまな職種や立場の人を主人公とした事例を紹介し、人と折り合うためのマイナーチェンジについて述べてみようと思います。

■文献
Takeda S, Fukuzaki T. "Relationship between turnover intention and workplace personal relations among care workers employed by elder care facilities." *Psychogeriatrics.* 2023; 23（1）: 86-93.

人間関係が悪い職場では

何が起きているか

人間関係の悩みは同じコミュニティの人と生じる

私たちが「人間関係」という言葉を用いるとき、そこには必ず自分と他者との関係が含まれます。「そんなの当たり前だ」と思う前に、よく考えてほしいことがあります。他者、つまり人とのかかわり以外で悩むような関係性が、私たちにはあり得るでしょうか。

たとえば、身の回りの日用品との関係が悪いなんてことは言いません。「このボールペン、インクがうまく出なくて関係性が悪いんだよね」。ないですよね、そういうこと。その場合は、すぐに新しいものと取り換えてしまえば済む話です。

関係性で悩むのは、お互いに意思をもつ人間同士だけです。それも、**家庭や学校、仕事、地域など、コミュニティを同じくする人との間柄において、人間関係の悩みは生じます**。その証拠に、どんなにひどい人がいたとしても、自分の生活圏外にいてまったくかかわることがなければ、その人との間で人間関係の悩みが生じることはありません。そう考えると、職場のスタッフとの間で生じる人間関係の悩みは、得てして起こる場所で起こっているということでもあるのです。

SNSの世界もコミュニティ

生活圏を共にするコミュニティには、SNSの世界も含まれます。SNS上では他人が自分に直接コメントできますし、直接的に言われたわけではなくても、自分のことについてネット上に書かれていることがわかれば、それは自分の生活圏で起こった出来事となるからです。私たちは、同じコミュニティに属する人との間でやりとりを重ねることで、コミュニティに欠けてはならないフルメンバーの一人としての承認を得ます。それが、コミュニティへの帰属意識を

高め、安定感を保つことにつながります。

　しかし、ネット上では不特定多数の利用者がSNSというコミュニティを共有しています。だからこそ、いったいどれくらいの人に承認してもらえたら、SNS上におけるフルメンバーとして認められたといえるのかがわかりません。そうすると、自分をフォローしてくれている人数が妥当なのか、「いいね」評価をしてくれた数が妥当なのかということに確信がもてなくなります。ネット上にいる不特定多数の人への承認欲求が強まり、SNSを使うほど苦しくなるといったことは、こうした事情によるのかもしれません。

　コミュニティのフルメンバーとしての承認を受け取り、人間関係を営む確かな手応えを感じるためにも、コミュニティの構成員がわかるリアルの世界が、これからますます大切となるのは間違いないでしょう。

人間関係の悩みは コミュニケーションの機能不全

　以上のことから、**人間関係の悩みは、コミュニティを同じくする人との間で、コミュニケーションがうまく機能しないということに由来している**のがわかります。

　先ほど、身の回りの日用品など、ふだんの生活で触れるものとの間で関係性の悩みが生じることはないと述べました。自分のペースでかかわれるので、対象との間で葛藤が生じないのです。しかし、人間が相手だとそうはいきません。**お互いに意思をもっているので、自分の欲求だけを押し通すわけにはいかない**からです。

　人間関係の悩みとして頻繁に挙がる「相手から悪く思われていないだろうか」という懸念も、つまるところ「自分のことを悪く思わないでほしい」とか「自分のことを好意的に捉えてほしい」という欲求の表れです。もちろん、自分に欲求があるということは、相手

にも欲求があるということでもあります。欲求はすべて自分の持ち場から生まれるものなので、お互いの欲求がピッタリ重なることは原理的にあり得ません。だとすれば、どこかで互いに折り合う必要が出てきます。

コミュニケーションは、欲求（意見）の異なる人同士が折り合いながら暮らしていくための手段です。つまり、コミュニケーションが機能しないというのは、**やりとりが一方通行になってしまい、折り合う余地がまったくない状態**と理解してよいでしょう。**折り合うとは、端的にいうと「お互いの顔を立てる」**ということです。

たとえば、管理職が勤務表を組もうとした際、スタッフみんなが自分の希望ばかり言ってシフトが組めなくなってしまう。これは、自分の顔ばかり立てようとしているわけです。反対に、自分の気持ちを抑えて、相手の気持ちばかり優先しようとする職場があったとすれば、これはこれで相手の顔ばかり立てて、自分の顔を立てることができていません。どちらも一方通行ですね。

人間関係が悪くなると 互いに折り合う余地がなくなる

コミュニケーションが機能していない。そしてそれは、互いに折り合う余地がまったくない状態である。その視点に立って、第1章の1（p.5）で述べた、私たち研究チームの調査によって明らかになった職場のスタッフとの人間関係の悩みについてふり返ってみましょう。

☑ コミュニケーション不足

折り合うためにはコミュニケーションが欠かせないわけですから、コミュニケーション不足は折り合う余地がない状態として理解できます。

☑ 嫌がらせ（無視、陰口を聞かされる、態度がきついなど）

相手を無視するのは、そもそも相手と折り合おうという気持ちすらわいてこない状態です。また、職場に陰口が横行すると、標的となったスタッフに対する陰性感情が強まるので、折り合うことが難しくなります。ましてや、態度がきついというのも、こちらを一方的に立ててしまっており、相手を十分に尊重できていません。

☑ 業務量の不公平感

仕事量が公平ではないため、自分が割を食っているように感じている。つまり「こちらを全然立ててくれていない」という欲求不満を抱いているので、折り合うという状態とはほど遠いです。十分な協力体制がとれないのも、自分のことで精いっぱいで他のスタッフの状態を想像できていないという点で、折り合えていないといえます。

☑ 業務についての考え方の違い

業務に関する考え方の違いが人間関係の悩みになるというのは、結局のところ相手の考えを許容できないということです。たとえば、ある支援者は「できるだけ利用者の自立が促されるべきだ」と考えていたとします。一方、別の支援者は「利用者はできるだけ負担を減らして介助されるべきだ」と考えていました。

この場合、同じ利用者をサポートするにしても、互いの考えがまったく違うので支援の仕方に齟齬が生じ、利用者はそれに振り回されてしまいます。互いの考えが折り合えないと、こうしたことが起こってしまいます。

☑ 部下や新人への指導困難

上司や先輩など指導する立場の人から、「最近の新人は権利ばかり主張する」とか、「自分たちが指導されたように指導すると、すぐに『ハラスメントだ』と言われる」のような訴えを聞く機会が増えました。これは、先行世代と新人の間で共有される文化が違うことを、指導する側がくめていないからだと言えなくもありません。一方で、部下や新人の成長を心から願っての指導が、「立場を利用

した一方的なかかわりだ」のように受け手に解釈されてしまうこと
もあります。

　人の働きかけについては多様な解釈が成り立ちますが、そのなか
でも最も不愉快な解釈を受け手が選ぶ、という風儀が指導される側
に広がると、職場の居心地はますます悪くなってしまうでしょう。

☑ ラベリング

　ラベリングとは、本来いろいろな見方ができる対象に対して、1
つのラベルを貼って捉えようとする態度です。つまり、「この人は
○○だ」と決めつけてしまうのが、ラベリングの特徴です。

　たとえば、あなたは体調が悪く、その日の業務を乗り切るので精
いっぱいで、他のスタッフから挨拶されたけれど、機嫌よく挨拶を
返せなかったとします。それにより、スタッフから「この人は感じ
の悪い人だ」というラベルを貼られてしまったとしたら、とても理
不尽だと思いませんか。「いや、今日は体調が悪くて、申し訳ない
けれど機嫌よく挨拶をする余裕がなかったんです」というこちらの
事情を一顧だにしないわけです。

　人は、1つのラベルだけで理解できるほど単純ではありません。
だからこそ、「もっと理解したいから、よければ話を聴かせてよ」
というコミュニケーションの始まりと深まりが起こるのです。ラベ
リングは、そうしたコミュニケーションを放棄している点で、相手
とまったく折り合えていません。

考え方や抱える事情だけでなく、上司と部下、先輩と後輩、正規と非正規、職種など、さまざまな立場の違いがある職場で、互いの顔を立てることができなくなってしまう。**こうした折り合いの困難さこそが、人間関係の悪い職場で起こっている実際の姿**なのです。

人は解決困難なものと 距離をとろうとする

　人間関係の悪い職場では、互いに折り合うということが解決困難な問題として理解されてしまうでしょう。ちなみに、私たちは解決困難な事態に遭遇すると、どのような態度をとると思いますか。その答えは、「距離をとる」です。

　社会的入院という言葉を聞いたことがありますか。これは、精神疾患を患った人が、医学的には入院の必要がないにもかかわらず、何らかの事情により入院生活を続けることをいいます。福祉の世界でも、これまで、重い障害を抱えた人が地域社会から引き離され、施設での生活を余儀なくされたことがありました。

　もちろんすべてとは言いませんが、こうしたことが起こる背景には、解決困難な問題を抱えた人を入院や入所という手段を通してコミュニティから引き離そうとする、私たちの心理があったのではないでしょうか。

地域社会でも距離をとろうとする

　こうしたことは、地域社会でも起こります。現在、多様で複雑な困難や生きづらさを抱えた人を包括的に支援する重層的支援が、地域ごとに進められています。私も、現在住んでいる街の重層的支援体制の推進にメンバーとしてかかわっています。この活動のなかで見聞きする地域の実状として、障害や困窮など複雑な事情を抱えた世帯もあります。多くの支援者がかかわっても、根本的な問題解決に至らないケースも少なくありません。こうした支援を必要とする人の生活が立ち行かないケースには共通していることがあります。それは、地域住民ができるだけこの世帯にかかわろうとしないということです。

一方で、何か問題が起こると民生委員や役場に「なんとかしてくれ」と訴える。場合によっては、「この地域から出て行ってもらいたい」という強めの訴えまで聞かれることもあります。他方、こうした世帯に「困難事例」というラベルを貼り、積極的にかかわろうとしなくなる支援者もいます。これらも、解決困難なものに対して距離をとろうとする態度の表れとして理解することができます。

解決困難にみえる人間関係は 排除の論理を強める

解決困難なものといえば、価値観の違いに基づく社会的分断もその1つに加えることができます。価値観が異なるというのは、人として当たり前のことです。なぜなら、私たちは誰もが、生まれてから今日までまったく同じ道を通ることはないわけですから。世の中に対する体験の仕方が人それぞれ違っているのに、自分と他人がまったく同じ価値観をもつなんてあり得ない。なので、価値観の違いを解決するということは、みんなが同じ価値観を抱けない以上不可能といえます。

そうした価値観の違いにことさら注目すると何が起こるでしょう。解決困難なものに対して距離をとろうとする心理が働き、価値観が異なる相手と距離をとるという不毛な試みが、社会的分断という様相を通して表れてきます。価値観が違う相手を、「反日」とか「外国人」とラベリングして、挙句の果てに「日本から出ていけ」と言う。こうした心理は、解決困難なものに対して距離をとろうとする典型です。

そうなのです。コミュニティにおいて人と人との間で生じる解決困難なものに注目しすぎると、「出ていけ」が定型反応となってしまう。**解決困難にみえる人間関係は、場合によってはコミュニティにおいて排除の論理を強めてしまう**のです。

そうしたことを踏まえて、改めて職場の人間関係を眺めてみると、いろいろなことが腑に落ちます。たとえば、苦手な人に対しては嫌う、無視する、陰口を言うというネガティブな対応が激しさを増します。一方で、ほめても相手に届かないケース、指導することが困難なケース、協力することが難しいケースでは、ほめる、指導する、協力するといったポジティブな対応が影を潜めます。

　いずれも、解決が難しい人間関係の場合、ネガティブな対応を繰り出して相手と距離をとろうとしたり、ポジティブな対応をあきらめて何もしないことで、相手と距離をとろうとしたりしているのです。**その先に待ち受けているのは、「こんな面倒な人、職場からいなくなればいいのに」という排除の論理**です。

解決困難にみえる 人間関係には「折り合う」

　では、解決困難な職場の人間関係に対して、私たちはどのように向き合えばよいのでしょう。実はそれこそ、**「折り合う」という視点**なのです。むしろ、解決困難だからこそ、折り合う必要があるのです。折り合うとは、どちらの顔も立てるということだと述べたのを覚えていますか?

　「俺はうどんが食べたい」「いや、私はカレーがいい」と意見が対立したら、どちらか一方が屈するのではなく、双方を立てるために「カレーうどん」を選択する。こうした**「折り合う力」を養っ**

ていくことが、居心地よい職場をつくり出すための流儀として求められます。

　先ほど、支援を必要とする人の生活が立ち行かない共通点を挙げましたが、逆に解決困難な問題をたくさん抱えていても、地域で平穏に暮らしているケースもあります。そうしたケースに共通していることこそ、地域住民の「折り合う」という営みでした。

　たとえば、ゴミを朝の決められた時間までに出せない人がいたとします。夜だと出せるのですが、「ゴミは朝の決められた時間以外は出してはならない」というルールを譲れなかった地域では、その人の家の中にはゴミがどんどん溜まり、生活が立ち行かなくなってしまいました。一方、近隣住民が「仕方ない」と夜にゴミを出すことを許容していた地域では、朝に出せない人が穏やかに暮らすことができていました。

　こんなふうに、いろいろな事情を抱えて解決が難しいケースであっても、互いが折り合うことによって平穏に暮らしていくことができる。これこそ、解決困難な事態をしのぐための流儀ではないでしょうか。

折り合うためのマイナーチェンジ だからこそうまくいく

　第2章と第3章で取り扱うテーマは、どれも人間関係の悩みをターゲットとしているので、自分と他人との間で何らかの葛藤が生じています。双方のどちらかの主張を採用して解決を図ることは困難です。それこそ、そんなことを目指そうとすれば、主張を採用されなかった側は、離職という形で解決困難な事態と距離をとるかもしれ**ません。どちらかの主張だけを採用したアドバイスは、もう一方の顔を立てないのでうまくいかない**のです。

　また、職場でのネガティブな対応に対する「そうしたことはして

はならない」という一般的なアドバイスも、同じ視点で考えると逆効果となります。なぜなら、ネガティブな対応をしてしまう弱さが私たち人間に備わっている限り、ネガティブな対応をするなという言葉は、当事者に「解決困難なアドバイス」として受け取られることになるからです。

人は解決困難なものと距離をとろうとします。だとすれば、**「ネガティブな対応をするな」というアドバイスをすればするほど、私たちはよりネガティブな対応をする**ことになります。同様に、ポジティブな対応をすることに困難を感じている人に、ポジティブな対応に励むようアドバイスをするのも、当事者には「解決困難なアドバイス」と映ります。そうなると、そのアドバイスと距離をとろうとするので、ポジティブな対応からどんどん離れてしまうといったことが起こります。

ネガティブな対応やポジティブな対応が、人間関係の悩みによって起こったり起こらなかったりしているのであれば、どちらか一方の主張を採用した解決策は良策とはいえません。ネガティブな対応をしてしまうのであれば、双方が報われる形でそれをする。ポジティブな対応が難しく感じられるのであれば、双方が報われる形でそれをする。**「折り合う」という視点からそれぞれの対応をささやかに変えてみると、私たちはそこに向かってトライすることができる**のだと思います。

第2章で紹介しているネガティブな対応も、第3章で紹介しているポジティブな対応も、人間関係を織りなす自分と相手の双方が折り合える視点からマイナーチェンジのポイントを述べていますので、ぜひ注目してみてください。

難しく感じられるのはなぜか

人間関係の悩みを解決するのが

人間関係の悩みが解決できないと感じることで起こる不都合

解決困難なものと距離をとろうとする。そうした心理が働くことで、人間関係の悩みを解決できないと感じると、私たちは悩みを抱いた相手と距離をとろうとしてしまいます。

ネガティブな対応をしていた人は、ますます「嫌う」「無視する」「陰口を言う」のようなネガティブな対応にのめりこみ、相手と距離をとろうとする。ポジティブな対応がうまくいかなかった人は、そうした対応をあきらめることで相手と距離をとろうとする。

つまり、**人間関係の悩みは、解決できないと思った時点で、ネガティブな対応はより激化し、ポジティブな対応はより減退する方向に変化してしまう**のです。こうなると、悩みを抱いた相手との関係性は、ますます泥沼化します。人間関係の悩みはより深刻となり、離職するといったことが起こりやすくなります。

苦手な相手と距離をとる。こうしたアドバイスが、人間関係の悩みへの対処法として伝えられることがあります。たしかに、距離をとったほうがよいケースがあるのは事実です。しかし、誰もがそうした対応をとってしまうと、職場における人間関係の悩みはより大きくなり、ますます居心地の悪い職場と化してしまいます。

ポジティブ
減退

ネガティブ
激化

そもそも、人間関係の悩みを解決するのが難しく感じられるのは、どのような事情によるのでしょうか。そのことについて、いくつか考えられることを述べてみます。

相手の持ち場に踏みこみ過ぎてしまう

　そっけなかったけど、私がなにか悪いことをしたのかな。自分みたいな人間は職場にいないほうがいいと思われていないかな。こんなふうに、他人からどう思われているかを気にしてしまうとモヤモヤしますね。対して、相手から一方的にあれこれ言われるのも腹が立ちますよね。では、そうしたことがなぜ私たちを不快にするのか。それを、「持ち場」という枠組みから探ってみましょう。

　人には、人それぞれに持ち場があります。この本を、「つまらない」と思って読むのをやめてしまうか、興味をもって読み続けるかは、著者である私の持ち場ではなく、読み手であるあなたの持ち場です。こんなふうに、**自分には自分の持ち場があり、相手には相手の持ち場**があります。

　「相手が自分のことをどう思っているか思い悩む」ということを考えてみましょう。

　相手はどう思っているのか。こんなことをして、相手は気を悪くしないだろうか。相手から嫌われたらどうしよう。そんなふうに思うと、相手の態度がますます気になってしまいます。

　では、相手が思うことは、誰の持ち場でしょうか。もちろん、それは相手の持ち場です。相手の持ち場のことを、こちらがコントロールすることはできません。相手からどう思われているかを気にし始めるとつらくなる。その理由は、自分ではどうにもできない相手の持ち場に踏みこみ過ぎてしまうからです。

　一方、「相手から一方的にあれこれ言われると腹が立つ」という

のはどうでしょうか。

　たとえば、「あなたって人としての器が大きいね」とか「あなたはホント太っ腹だね」のようによいことだと、「それほどでもぉ」と謙遜しながらも悪い気はしないと思います。でもこれが、「あなたって神経質だよね」とか「あなたってケチだよね」のように悪い決めつけをされてしまうと、言われたほうは嫌な気持ちになります。

　そのワケは、こちらの事情も知らないのに、軽々しく「○○だ」と決めつけられるからです。つまり、相手が自分の持ち場に踏みこみ過ぎているので、不快な気分になるのです。

　相手の持ち場に踏みこんでも、そこを自分がどうにかすることはできない。加えて、事情も知らないのに相手がこちらの持ち場に踏みこみ過ぎてくる。そんなふうに、**相手の持ち場に踏みこみ過ぎてしまうことが、人間関係の悩みの解決を難しく感じさせます。**人間関係の悩みをどうにかしたいのなら、**相手の持ち場に踏みこみ過ぎない。**それが、人と折り合う流儀の1つとなります。

　第2章から紹介するさまざまな事例のなかには、相手の持ち場に踏みこみ過ぎてしまったことが問題をこじらせているケースもあります。そうしたケースでは、自分の持ち場でどのようなマイナーチェンジをすればよいかを述べています。

人間関係の悩みを性格のせいにする

　職場で人間関係に問題が起こると、原因をその人の性格に求めてしまうことがありませんか。

- うまく自己主張できないのは、意志が弱いからだ。
- 相手から指導されてすぐにへこむのは、自己肯定感が低いからだ。
- 人の意見を聞かないのは、プライドが高すぎるからだ。
- 言い方が強いのは、パワハラ体質だからだ。
- 陰口を言いふらすのは、いじわるな性格だからだ。
- 指示がないと動かないのは、依存的だからだ。
- ミスを重ねるのは、不注意な性格だからだ。
- 協力してくれないのは、自己中心的だからだ。

　こんなふうに、人間関係の悩みが生じる理由をその人の性格に帰してしまうといったことを、私たちはよくやってしまいます。人間関係の悩みが、かかわる当事者の性格に由来する。本当にそれが理由だとすれば、人間関係の悩みを解決するには性格を変える必要があります。

　ここであなたにお尋ねします。うまく相手とかかわれないのが自分の性格のせいだとすれば、あなたは自分の性格を変えることができますか。そんなの、難しすぎますよね。では、相手とうまくかかわれないのが相手の性格のせいだとすればどうでしょう。自分の性格ですら変えることが難しいのに、相手の性格となったら完全にお手上げです。

　私たちが人間関係の悩みをどうにもできないと思ってしまう理由の1つは、ここにあります。私たちの性格は、一朝一夕で作られたものではありません。両親のもっていたものを少しずつ受け継いで生まれてから、さまざまなことを経験し、長い人生をかけて育まれたものです。そうした自分の歩みと重なる性格を変えることは簡単にできるものではありませんし、変えなくてよいのです。

人間関係の悩みは、性格によって続いているのではありませ

ん。**何らかの悪循環があるからこそ、悩みとなる**のです。だとすれば、悪循環のなかで少しでもどうにかできそうなところを見つけて、そこに働きかけてみればよいのです。少しでもどうにかできそうなところとは、自分の持ち場で自分にできることについてです。

　人間関係の悩みを生み出す悪循環は、相手と自分の双方が織りなす営みから生まれます。それは、人間関係が自分と他者との関係によって成り立っているからです。このうち、相手のことは相手の持ち場なので、こちらから直接変えようとするのは難しいでしょう。人間関係の悩みを解決するために、相手をどうにかしようとしてもうまくいかないのは、そういうことです。

　相手を変えるのではなく、**自分の持ち場でできることを見つけて、相手との間で起こっていた悪循環を少し変えてみる**。これも、人と折り合う流儀の1つです。第2章から紹介するさまざまなマイナーチェンジは、性格を変えるのではなく、悪循環を少し変えてみるために自分の持ち場でできることについて提案しています。

一度に何とかしようと　しすぎる

　つらければつらいほど、そこから早く抜け出したいと思うのが人情です。なので、職場で抱えた人間関係がつらいと、一度に何とかならないかと考えても不思議ではありません。とはいえ、やはりそこは人間関係。お互いに事情を抱えているので、すぐすぐどうにかなるものでもありませんし、そもそも人はそんなに簡単に変われるわけでもありません。一度に何とかしたいのにどうにもならない。そうしたことが、人間関係の悩みの解決を難しく感じさせてしまいます。

　たとえば、目の前にある6メートルの高さの壁を、棒高跳びの棒を使って一気に越えてくださいと言われても、できっこありませ

ん。でも、あなたのペースでいいので、壁のてっぺんまで設けられて
いる緩やかな階段やスロープを使って壁を越えてくださいと言われ
たら、それならできると思えますね。

　難しい問題を一気に何とかしようとしてうまくいかなくても、問
題を小さなステップにわけて、できそうなところからチャレンジす
るとやれそうな気がします。自分のペースで登っていくとそのうち
頂上にたどり着くのと同じように、自分にできるささやかなことを
繰り返す。そうすることで、人間関係の悩みとして表れたさまざま
なエピソードは、少しずつ折り合えるようになるのです。**小さな
変化の積み重ねが大きな変化をもたらす**。これも、人と折り合う
流儀の1つです。

 ## 体験の価値を損得で計ろうとする

　グローバルという言葉がやたらと使われ出した頃から、競争力や
効率化、生産性といった言葉を見聞きする機会が増えました。こう
した言葉は、ビジネスを動かす市場原理において機能します。市場
原理に基づくと、当座の利益が大切な目標となるため、物事の価値
を「損か得か」で考えることが妥当な判断となります。

　でも、市場原理のルールを、人間のあらゆる営みに適用すること
はできません。なぜなら、そうしたルールであらゆることを制度設

計すると、すべての人が安心して暮らしていくことができなくなるからです。たとえば、医療や福祉、介護といった領域は、市場原理のルールを完全に適用しないほうがよい営みに属します。収益が見込めるように、高額な薬価が期待できる病気を優先して診療するといったことや、高額な利用料を払えるお金持ちを優先して支援するということになれば、そのなかに入れない人は医療や福祉、介護を受けられなくなります。

　対人援助職は、受診した患者や相談に訪れた利用者に向かって、「いらっしゃいませ」とは言いません。それは、**医療や福祉、介護のように、人の生存にかかわることをビジネスマインドで考量することはできない**からです。しかし、そうした、本来市場原理で考えないほうがよい領域にも、間違いなく市場原理のルールが浸透しつつあります。

　近年、対人援助の世界では効率化や生産性を厳しく問われるようになりました。たとえば、医療で効率化や生産性を優先すると、「いつ起こるかわからないパンデミックに備えて感染症病床を確保するのは無駄である」という論理になります。それで短期的には収益を確保できても、パンデミックが訪れたら破局的な事態をもたらします。福祉の世界もそうです。福祉事業所の収益は、一人にどの程度手厚い支援を届けたかではなく、支援した利用者の数で決まります。そうなると、抱える問題が比較的軽い利用者を優先的に支援するような事業所が増えてしまい、手厚い支援が求められる重い問題を抱えた利用者の行き場が狭められてしまうかもしれません。

　このように、市場原理のルールが私たちの生活全般を覆うと、日常の体験の価値を損得で計ろうとしてしまいます。

　もちろん、損得で計ることがすべて悪いわけではありません。「その商品は自分の払う代価に見合う価値があるか」という損得勘定で、買い物をするのは自然なことです。でも、私たちが家庭や職場、地域などのコミュニティで人に届ける力は、損か得かというも

のさしで計れるものではありません。なぜなら、**コミュニティにおいて人に力を届けるという営みは、買い物のような等価交換ではなく贈与**だからです。見返りを期待してするものではなく、あくまで贈り与える営み。それが、人間関係における協力という営みです。

　相手に見返りを求めるために、後輩に知識や技術を伝えたり、困っているスタッフに手を貸したりはしていないと思います。力を受け取った相手は、その力を必要とする人にまた届けていく。こうした贈与の連鎖が、協力の本義なのです。

　にもかかわらず、自分が体験することの価値は、損得で勘定することが理にかなっていると思ってしまうと、コミュニティで率先して力を届けることが割に合わないと感じられてしまいかねません。なぜなら、**体験の価値を損得で計ろうとすると、「自分さえよければいい」という営みが最適解となる**からです。自分が届ける力を損得勘定で計ってしまうと、職場に何が起こるでしょう。割を食いたくないから協力しないでおこう。余計なことをしてうまくいかずに叩かれでもしたら損だから、自分は無関係でいよう。こうしたことが日常茶飯事となってしまうかもしれません。こうした風儀が職場に広がると、人間関係は当然ながら荒みます。

　自分の本務以外のことで職場に力を届けることを、自分にとって損か得かで考える。こうした価値観が職場を覆うと、スタッフ同士の連携や協力が難しくなります。人間関係の悩みを解決するのが困難に感じるのは、体験の価値を損得で計るという風儀にもありはしないでしょうか。**職場の人間関係を、損か得かで計りすぎない。体験の価値を計る"損得"以外のものさしを増やす。**これも、人と折り合う流儀の1つになります。

　人間関係の悩みの解決を難しく感じさせるいくつかの要因について述べてみました。いずれも、人間関係だけでなく、職場の居心地

まで悪くしてしまいます。そして、これらは職場の居心地をよくするためのヒントになるかもしれません。とはいえ、ここに挙げたことをすべて変えようと思わなくても大丈夫です。ここで挙げた人間関係の悩みを解決するのが困難に感じる事情を通して、職場の人間関係をふり返り、何か気づくことがあれば、まずはそれで十分です。

　第1章では、対人援助職にとっての人間関係をさまざまな視点で論じてみました。何かを少しだけ変えて、自分の抱えている人間関係の悩みを何とかしてみようという気持ちに、少しでもなっていただけたでしょうか。それでは、いよいよ具体的な事例を通して、職場の人々と折り合うためのネガティブな対応とポジティブな対応のマイナーチェンジについて、一緒に見ていきましょう。

上手に「ネガティブな対応」をするマイナーチェンジ

どうしても無理な同僚がいます

——上手に嫌うためのマイナーチェンジ

　私は、高齢者介護施設で介護職員をしています。何人か苦手な人がいるのですが、なかでもミキオさんはムリ。何がムリって、性格が最悪なんです。上司でもないのに、私のしていることにケチをつけてきます。この間なんか、利用者の食事の介助をしていて、ようやくそれを終えて次の業務に入ろうと思ったら、「ツグミさん、介助の要領が悪いよ。こっちも段取り考えて仕事回しているんだからちゃんとやってよ」なんて、何様のつもり！

　そのくせ自分は、仕事中に他のスタッフと雑談ばかりして、「そっちこそちゃんとやってよ！」と腹が立って仕方ありません。

　近頃は、出勤して彼を見ただけで、嫌な気分になります。なので、できるだけミキオさんを避けるようにしています。でも、避ければ避けるほど、ミキオさんと少しでもかかわるような機会があると、「ムリ！」ってなっちゃうんです。他のスタッフも、ミキオさんのことを嫌っています。私が「あの人ほんとウザいよね」と言うと、みんなも「ほんと最悪」って同意してくれるんです。早く辞めてくれたら、職場の居心地がかなりよくなるのは間違いないと思います。

☑ 苦手な人を避け続けている

　ツグミさん、ミキオさんのことを嫌っているのですね。そして、そうなってしまう出来事が、ミキオさんとの間で何度もあったのだろうと思います。

　一方で、ツグミさんはミキオさんが嫌いになるカラクリを抱えて働いているようにも見えます。1つは、ミキオさんを避け続けてしまったことです。あなたも、苦手な人がいたら避けることがあると思います。そうすることで、不快な気持ちがやわらぐからです。

　でも、苦手な人を避け続けると何が起きるでしょう。たとえば、ゴキブリが苦手な人がゴキブリを避け続けた結果、「私、ゴキちゃんが愛おしくなって、今では手の中でこんなふうになでなでできちゃうんです」なんてことはあり得ません。避ければ避けるほど、ゴキブリをますます苦手になる。こんなふうに、避け続けることによって嫌いな人がますます嫌いになってしまうのです。

☑ ラベルを貼って苦手な人を見ている

　嫌いになるもう1つのカラクリは、「ミキオさん（の性格）は最悪」という見方です。これが、必要以上にミキオさんを「ムリ」にさせてしまっているように思うのです。なぜなら、ミキオさんに「性格が最悪」というラベルを貼ってしまうと、そのラベルに見合うミキオさんしか見えなくなってしまうからです。ビールのラベルが貼ってある瓶を見て、中にコーラが入っているとは思わない。それと同じことが、ミキオさんに対して起こっているのです。

　こんなふうに、1つのラベルを貼って対象を見ることを「ラベリング」といいます。ビールのラベルのたとえからもわかるように、

第2章　上手に「ネガティブな対応」をするマイナーチェンジ

029

相手にラベルを貼ってしまうと、そのラベルを通してしかその人を見られなくなってしまいます。「最悪」というラベルを貼ってしまうと、それを通してしかミキオさんを見られないので、嫌なことばかり目についてしまう。本来ならさほど気にならなかったかもしれないミキオさんの態度も、「最悪」というラベルを貼ってしまったせいで悪いものとして解釈してしまう。

　こうして、「最悪」というラベルを貼ったミキオさんのすべてが「ウザく」感じられるようになるのです。ツグミさんがミキオさんを嫌いになってしまったのは、こうしたラベリングも関係しているといえます。

　ラベリングには、視野を狭くするということ以外に、私たちの行動を変える力もあります。たとえば、友人からブランドのかばんをプレゼントされたとします。そのかばんがとても高価な物だと思うと、きっと傷ひとつつけないよう大切に扱うでしょう。しかし、友人からこう告げられたらどうでしょう。「ごめん。実はそのかばん、偽物なんだ」と。そのかばんの扱い方は、途端にぞんざいになりはしないでしょうか。

　同じかばんなのに、それを「本物（ブランド物）」とラベリングするか、「偽物」とラベリングするかで、私たちのふるまいは簡単に違ってくるわけです。このことからもわかるように、対象にラベルを貼ってしまうと、そのラベルに見合った行動をとるようになり

ます。

　ミキオさんを「最悪」とラベリングしたツグミさんは、ミキオさんに対してどのような行動をとるようになるでしょうか。笑顔で対応するなんてことは、それこそ「ムリ」だと思うのです。きっと気持ちよい対応をとることが難しくなり、ミキオさんをますます避けてしまうようになるでしょう。人と人とのかかわりは互いに影響を与え合うので、こちらが気持ちよい対応をとらなければ、向こうの対応もそうなります。そうなると、「この人は最悪」というラベルはますます粘着力を強めてしまいます。

上手に嫌う マイナーチェンジ のポイント

① ネガティブなラベルをはがすのではなく 新たなラベルを貼り直す

　ラベリングがすべて悪いというわけではありません。ラベルを貼るからこそ、物事を理解しやすくなるという側面もあります。問題なのは、対象にネガティブなラベルを貼り、そのラベルだけを通して見ようとすることです。

　多くのスタッフが、ネガティブなラベルを貼って職場の人間を眺める状況を想像してみてください。ネガティブなラベルを通してもたらされる嫌悪感は強まり、職場内に陰口や悪口が横行するようになるかもしれません。第2章の4（p.60）でも述べますが、こうしたゴシップは、個人や組織の力を削ぎ落とします。そのうち職場に対して「この職場は最悪」のようなラベルが貼られてしまうと、職場の居心地はそれこそ「最悪」になってしまいかねません。

　とはいえ、一度貼ったラベルをはがすのは至難の業です。**ラベリングに対する上手な対処法は、「新しいラベルを貼る」**ことです。ラベルの上から別のラベルを貼ることなら、簡単にできそうだと思

いませんか。しかし、すでに嫌っている人に新たにネガティブなラベルを貼ると、その人を嫌う気持ちはますますヒートアップしてしまい、自分がつらくなるばかりです。かといって、ポジティブなラベルを貼ろうとしても、嫌いになった相手のことを少しでもポジティブに捉えるのは難しいでしょうから、そのラベルはすぐにはがれてしまいます。つまり、**嫌っているその人自身に貼ろうとするからうまくいかないのです。その人の中にいる別の存在にラベルを貼ってしまえばよい**のです。

 ## 嫌いな相手を象徴するキャラクターを作りそのキャラをラベルとして貼る

　「嫌いなその人は、何かに取りつかれているということ？」と不思議に思った人もいるでしょう。どんなラベルを貼るかをわかりやすく伝えるために、とあるキャラクターの話をさせてください。

　私たちは、いろいろなマイナス思考に悩まされます。また、同じ状況でも人によって考え方が異なります。マイナス思考が浮かんだり、同じ状況でも人によって考えが異なったりする理由。それは、人それぞれ考え方のクセが異なるからです。たとえば、物事を白か黒かで割り切り、完璧を求めすぎてしまうクセや、ネガティブなフィルターを通して物事の悪い面ばかり見てしまうクセ、自分や他人に対して「○○すべき」と考えすぎてしまうクセ、などさまざまです。

　こうした考え方のクセを、心理学では「認知のゆがみ」といいますが、それらを私の教え子たちが「ユガミン」というキャラクターにしてみました。ちなみに、物事を白か黒かで割り切るクセは「シロクロン」、ネガティブなフィルターを通して考えるクセは「フィルタン」、「○○すべき」と考えてしまうクセは「ベッキー」なんて名前がついています。なかなかのネーミングセンスですね。

ユガミンをカウンセリングに用いると、相談者にある変化が起きるようになりました。これまでだと「こんなふうに考えてしまう私が悪いんだ」と、マイナスに考えてしまう自分を責めたりダメだと思ったりしていたのが、「私の中にいるユガミンがまたぐずり出しちゃった」と、悪く考えてしまうのをユガミンのせいにすることができるようになったのです。相談者は、いたずらに自分を責めたりダメだと思ったりしなくてよくなり、マイナス思考について少し距離を置いて眺めることができるようになりました。

　このユガミンのアイデアこそ、上手に嫌うためのマイナーチェンジのポイントの1つです。嫌いな相手に対してどのようなラベルを新たに貼ればよいか。それは、**嫌いな相手を象徴するキャラクターを作り、そのキャラをラベルとして貼ってしまう**のです。

 嫌いな人とキャラを分けておく

　冒頭の事例に登場したミキオさんだと、彼の中にどんなキャラがいそうでしょう。あなたも、少し考えてみてください。

　よく難癖をつけてくるので、「ナンクセー」なんかいかがでしょう。それで、ミキオさんに難癖をつけられたりしたら、「ミキオさん家のナンクセーは、今日も絶好調だね」のようにラベルを貼ってみるのです。ここで大切なことは、**嫌いな本人とキャラクターを分けておく**ということです。

　もちろん、嫌いな本人をキャラ化してもよいのですが、それだとそのキャラ以外でその人を見ることが難しくなります。同じ職場でこれからも一緒に仕事をするのであれば、これまでのラベリング同様、その人とかかわるのが難しくなってしまいます。本人とキャラを分けておくことで、**そのキャラは汎用性をもち、いろいろな人の中に見つけることができるようになります**。

たとえば、嫌みをよく言う「イヤミン」や挨拶をしない「アイセン」、陰口を言う「グッチー」のようなキャラは、私たちの中にもたまにやってくるわけです。こんなふうに、**人とキャラを分けておくことで、相手を上手に嫌うことができるうえに、嫌いな人とかかわれる余地が生まれます**。ユガミンがそうだったように、その人について少し距離を置いて眺めることができるからです。

　私たちの中に宿る「ちょい嫌キャラ」は、たくさんいます。どんどん集めてみて、あなただけのキャラ帳を作ってみてください。同僚との間で、見つけたキャラを紹介し合うのも楽しいかもしれません。

イヤミン　　グッチー　　アイセン

もっと上手に嫌うための
マイナー　チャレンジ

相手が不快な態度をとったら、「何か事情があるのかも」というラベルを貼ってみる

　次のような場面を想像してください。あなたは、車を運転しています。ふとバックミラー越しに後ろを見ると、車間距離が近く、すごい勢いで走ってくる車がいます。あなたは、この車の運転手をどう思うでしょう。「あおり運転だ。怖い人だ」「あおるなんてサイテーな人だ」のようにラベリングしないでしょうか。

ちなみに、その運転手は子どもを一人で育てているお父さんでした。仕事を終えて疲れた身体をおして、中学校から帰ってくる子どものために夕食を作っていました。すると、学校から電話があり、子どもが部活動の最中に大けがをして意識不明のまま病院に運ばれたというのです。そのお父さんは、「お願い、無事でいてくれ！」という気持ちから荒い運転になっていたのでした。改めて、あなたは後ろから猛追してくる運転手をどう思うでしょう。先ほどまでとまったく違う考えが浮かんでいるのではないでしょうか。

　ここからいえることは、**人それぞれその人にしかわからない事情がある**。そして、**私たちの行動は、自分の抱えた事情によって左右される**ということです。何か嫌なことがあると、その対象にネガティブなラベルを貼ってしまう。これが、その対象を嫌いにさせてしまうのです。もっと上手に嫌うためのマイナーチェンジとして、**相手が不快な態度を示したら、「何か事情があるのかも」というラベルを貼ってみましょう。**

　相手が不快な態度をとったときに、「この人サイテー」のようにネガティブなラベルを貼るのと、「何か事情があるのかも」というラベルを貼るのとでは、どちらが自分にゆとりをもたらしてくれるでしょう。きっと後者だと思います。それだけでも、少しは楽に働けそうですね。

　自分にゆとりが生まれると、視野も広がります。そうすると、嫌っていた相手に対して、これまでと違った新たな発見があるかもしれません。やみくもに相手を嫌う必要もなくなるので、相手に対して気持ちよい対応をとることにもつながるかもしれません。相手に対して気持ちよい対応をとれたら、向こうからも気持ちよい対応が返ってきやすくなるでしょうから、互いに職場の居心地のよさを高めることができそうですね。

主語が大きいラベリングは
コミュニティから多様性を排除する

　ラベリングによって、対象の見方が狭められてしまい、行動がどんどん不自由になる。特定の対象をラベリングしている限り、ラベルという檻の中に自分を閉じ込めてしまい、そこから抜け出せなくなってしまう。

　こうしたラベリングの力が、私たちのコミュニティに何をもたらすかについて考えを広げてみましょう。

　周りを見回してください。ラベリングは、職場だけでなく、家庭、学校、地域、社会などさまざまなコミュニティで見られはしないでしょうか。それも、ポジティブなラベリングではなく、ネガティブなラベリングが多くはないでしょうか。そうした風儀は、ジェンダーや世代、組織、民族など、主語をどんどん大きくしたラベリングとして現れ、あちらこちらで不毛な差別や分断すら生み出しているように思います。「反日だ」「老害だ」のようなラベリングは、その典型ですね。

　想像してみてください。気に入らない人に対するラベリングがコミュニティに蔓延すると何が起こるかを。相手が何を言おうが何をしようが、すべて「あの人たちは○○だ」のようなラベルに回収されてしまうわけです。「あの人たち」は、「女性（男性）」「若者（年寄り）」「○○（特定の国）人」「□□を支持する人」「△△で勤める人」など、主語の大きな集団を指しています。そもそも、他人をひとくくりにして理解できるほど、私たちはシンプルではありません。他人を簡単に理解できると思ったら、それは間違いです。だからこそ、「よくわからないから、もっと話を聴かせてほしい」となるのです。

　コミュニティには自分も含め多様な人々が暮らしています。多様な人々が折り合いながら暮らしていくには、まずはお互いの主張をありのまま受け取ることから始める必要があります。けれども、主語の大きなラベルを貼って相手を見てしまうと、相手のことがすっ

かりわかったつもりになる。気に入らない人にネガティブなラベルを貼ったままだと、その人はずっと気に入らない人のままです。

そうなると、その相手と意思疎通を図ろうとしたり、相手の主張をじっくりと聴いたりすることが難しくなってしまいます。主語がどんどん大きくなったラベリングは、コミュニティから多様性を排除する力として働いてしまうのです。

主語が大きいままだと、「おまえら出ていけ」のような定型的な反応が生まれやすくなります。主語が大きければ大きいほど、具体的で細やかな対応をすることが難しくなるからです。コミュニティに定型的な反応があふれ、自由で伸び伸びとした反応が損なわれてしまっては、社会はますます窮屈で生きづらくなります。

マイナーチェンジで述べたように、どんな人もその人にしかわからない事情を抱えながら生きています。私たちのコミュニティは、そうした人々の集まりでもあるのです。同じコミュニティで共生することに難しさを感じるような集団がいたときこそ、個々人を見て、その人にしかわからない事情を抱えながら生きているということに思いを馳せたいですね。

2

苦手な人を無視して何が悪いの？
—— 上手に無視するためのマイナーチェンジ

　私は、高齢者介護施設で働く介護職員です。部下のミネアキさんは、年上で、指導をするのがとても苦痛です。というのも、ミネアキさんは自分の人生経験をもとにした、業務への口出しが多いのです。黙ってこちらの言う通りやってくれればいいのに、いつも余計なことを言ってきます。たとえば、「こんなやり方効率悪いよ。俺が会社で働いていたときは、もっとこうしていたよ」「ワタルさんは俺より若いんだから、もっと声を張ったほうがいいよ。俺が若い頃は……」と、とにかくうるさいんです。

　最初は、彼の小言に対応していましたが、私もだんだん腹が立ってきて、彼を無視することにしました。時には、ちゃんとしてくれることもあるので、その際は上司として彼への承認もがんばって行っていました。でも、それもやめました。ミネアキさんからの声かけは、すべて無視しています。彼の小言を聞かなくてよくなりましたが、同時にこれまで私の前ではちゃんとやれていたこともやらなくなりました。最近では私への挨拶もありません。これってホント私への当てつけですよね。人生経験があるんならそんな小さいことしないでよ！　って思います。

☑ よい行動からもメリットを奪った

　ワタルさんは、人生経験からくる一方的なミネアキさんの言葉の数々が鼻持ちならなかったのですね。部下を指導しなければならないけれど、ミネアキさんのほうが年上だったのでやりにくさも感じていたのでしょう。もしかすると、相手が年上だから強く言えず、その代わりに無視を決めこむということになったのかもしれませんね。

　ワタルさんはミネアキさんを無視することにして、彼のあらゆる態度に取り合わないようにしました。そうすると、ミネアキさんは、業務への口出しだけでなく、これまでワタルさんの前で適切にやれていたことまでしなくなりました。そして、それはワタルさんに対する挨拶にまで及んでいます。こうしたことを、ワタルさんは「自分への当てつけ」と解釈していますが、実はそうではないのです。

　私たちの行動は、それをした直後にメリットが伴うと繰り返されます。あなたがふだんしている行動をふり返ってください。どれも、その行動をし続けているからには、その行動の直後に何かしら自分にとってメリットがあったと思うのです。たとえば、この本を読むのだってそうです。自分に役立つと思えなかったり、おもしろくなかったりすれば、この本を読み続けるということにはならないでしょう。僭越ですが、あなたが今この本を読み続けてくださっているのは、それによって何らかのメリットがあるからです。

　行動が続くからには、それをすることのメリットが必ずある。この原則を押さえて、ワタルさんのケースを読み直してみましょう。

第2章　上手に「ネガティブな対応」をする　マイナーチェンジ

図2-1　ワタルさんの応答がメリットとなりミネアキさんの行動が
　　　　繰り返された

　当初は、ミネアキさんの人生経験に基づいた言葉や、ミネアキさんの行った仕事に対し、そのつどワタルさんは応答していました。ワタルさんの応答が、ミネアキさんにとってはメリットとなっていたのです（図2-1）。応答がメリットになるというと、大げさに聞こえるかもしれません。たとえば、私たちは店にあるマネキンには話しかけません。話しかけても、応答がないからです。応答があるから話しかける。つまり、私たちがふだんのコミュニケーションで行っている「応答」は、相手とやりとりする際のメリットとなるのです。

☑ 相手のあらゆる行動を無視する

　ところが、ワタルさんが無視を決めこんでからは、ミネアキさんがワタルさんの前でどのような行動をとったとしても、ワタルさんからの応答はなくなってしまいました。目の前のコップに何も入っていなければ、そのコップを持って飲むという行動は起こらない。

ミネアキさんを無視するというワタルさんの対応は、ミネアキさんにとってはそういうことでした。

　以上の理由で、ワタルさんが嫌がったミネアキさんの小言だけでなく、それ以外の行動まで、ワタルさんのいるところでは起こらなくなってしまったのです（図2-2）。

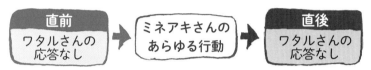

図2-2　ワタルさんの応答なし（無視）がミネアキさんの行動を起こらなくした

　ちなみに、一般的に「無視する」とは、図2-2のように**相手のあらゆる行動を無視する**というふるまいとなります。つまりそれは、「人」を無視するということであり、無視をされた人には自分がその場にいないかのようなふるまいとして映ります。ワタルさんの行為が職場全体に広がってしまったらどうなるでしょう。

　職場の人の多くが今回のワタルさんのように、特定の人をいないかのように無視した場合を想像してみてください。こちらが何をしても周りから応答という手ごたえが感じられなくなる。私たちは、自分のしていることに意味を感じられなくなると、それをしようとする力が削がれてしまいます。

　職場で無視をする人が増えれば増えるほど、無視をされたその人は職場での自分のふるまいすべてに意味を感じられなくなる。そう考えると、無視をする人が多ければ多いほど、**無視をされた人の生きようとする力を削いでしまう**ことになります。

　相手を無視するという行為は、している人からすると些細なことのように映るかもしれませんが、無視できない哀しい負の力があることを理解しておく必要があります。

！ 上手に無視する マイナーチェンジ のポイント

① 「人」ではなく、「減らしたい行動」を無視する

　相手を無視するという営みは、最終的にはその人の生きようとする力すら奪いかねない負の力をもっていますから、しないに越したことはありません。でも、それができないのが、私たち人間の弱さでもあります。介護職員を対象に行った私たち研究チームの調査でも、「スタッフから無視をされる」という記述が、職場の抱える人間関係の悩みとして多く挙がりました。ここからも、「無視はダメ」という正論だけでどうにかなるものでもなさそうなことがわかります。だからこそ、上手に無視するためのマイナーチェンジについて考えてみましょう。

　ワタルさんは、ミネアキさんという「人」を無視することにしました。これが、お互いを不都合にしてしまったのです。上手に無視するマイナーチェンジのポイントは、**「人」ではなく「行動」を無視する**、ということです。では、どのような行動を無視すればよいのでしょう。それを知るために、先ほどの「メリットがあると行動は繰り返される」ということを、もう少し詳しく説明します。

　私たちの行動は、前後の状況によってコントロールされます。メリットがあるというのは、**直前でなにもなかったメリットが、行動の直後に現れた**ということです。そうすると、**その行動は次も起こりやすくなります**（図2-3）。適温でない部屋でエアコンを起動するのは、それによって部屋が適温になるからです。エアコンが壊れていたら、リモコンボタンを押すという行動は起こらないでしょう。あなたがふだん続けているあらゆる行動も、必ずこの原理で説明できます。

図2-3　行動の直後にメリットが伴うと…

　一方、これまで行動の直後に現れていたメリットが、**行動した後に現れなくなると、その行動はそのうち起こらなくなります**（図2-4）。図2-4を見ると、行動の前後で変化がありません。相手を無視するとは、**相手のあらゆる行動の前後で、周りの人間の対応に変化が生じない**ということをいいます（図2-5）。ワタルさんの場合、ミネアキさんが何をしようが前後で応答しませんでした。そうすると、間に挟まれたその行動は徐々に起こらなくなります。

図2-4　行動の直後にメリットが現れなくなると…

図2-5　相手を無視している対応

　しかし、図2-5を見ると、ワタルさんのように「かかわりなし」だけでなく、行動の前後で「かかわりあり」のままでも無視をすることになり、間に挟まれた行動を起こらなくしています。
　たとえば、母親が子どもに「野菜を食べなさい」と言います。子どもは「嫌だ」と拒否します。その直後も母親は「野菜を食べなさ

い」と言う。これって、子どもの拒否行動の前後で、母親の対応に変化は生じていませんね。そうすると、子どもは「嫌だ」と拒否するのをやめ、渋々野菜を食べるようになります。このように、**行動の前後で環境の変化が伴わない状態が続けば、その行動はそのうち起こらなくなる**のです。

相手の行動の前後でかかわりに変化がないようにすると、その行動は起こらなくなります。でも、これを相手のすべての行動に向けてしまうと、お互いにとって望ましい行動までなくしてしまいます。「人」を無視するとは、そういうことです。

そもそも今回、ワタルさんは何が嫌だったかというと、ミネアキさんの人生経験をもとにした業務への一方的な口出しでした。それ以外の行動は、ワタルさんを煩わせることはなかったのです。先ほど、私は「人」ではなく「行動」を無視すればよいと伝えました。どのような行動を無視すればよいか、以上の話から見えてきたと思います。それは、**減らしたい行動**です。減らしたい行動だけに的を絞って無視を続けることで、自分に対する煩わしい行動を減らすことができます。

 受け取りたくない相手の言葉は 自分の持ち場に引き入れない

一方的な口出しのように、減らしたい行動だけを無視することが、上手に無視するマイナーチェンジのポイントだと伝えました。しかし、そうしたところで、相手の発言が自分の心に刺さることもあります。その場合、どうすればよいかを考えてみましょう。

相手が「暇そうでいいね」と嫌味を言ってきたとします。これを聞いて心に突き刺さるのは、相手の言葉を自分の持ち場に引き入れ過ぎているからです。だとすれば、受け取りたくない**相手の言葉は、自分の持ち場に引き入れなければいい**のです。

そのための簡単な方法があります。**「あなたはそう思うんだ」と**
心の中でつぶやくだけ。相手の発言についてあれこれ評価する必
要はありません。それは、相手の持ち場だから考えても仕方ありま
せん。相手の嫌味や小言は相手の考えにすぎず、言われたあなたのも
のではありません。こうやって相手の考えを自分と切り分けること
で、いたずらに自分の持ち場に引き入れるのを防ぐことができます。

　または、**キャラを持ち出してもいい**と思います（第2章の1
（p.32））。「お！　今日のミネアキさん家のコゴトン（小言系キャ
ラ）はキレがあるなぁ」のような感じで眺めるのです。これも、受
け取りたくない相手の言葉を、自分の持ち場に引き入れない簡単な
方法です。

コゴトン

今日も言ってる
コゴトン。
言わせて
おこう

もっと上手に無視するための
マイナー　チャレンジ

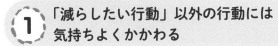

①　「減らしたい行動」以外の行動には
**　　気持ちよくかかわる**

　マイナーチェンジをより活かすには、もっと上手に無視するため
のマイナーチェンジが重要です。それは、**減らしたい行動以外**
の行動には気持ちよくかかわるということです。そうすること
で、減らしたい行動に対する無視がより効果的になります。今回の

ワタルさんの場合、人生経験に基づく一方的な口出し以外のミネアキさんの行動には、気持ちよくかかわるようにするのです。「人」を無視することと、「行動」を無視することの違いが、このことから理解できます。

気持ちよくかかわるというのは、**「自分がそうしてもらうと、きっと自分は気持ちよく感じるようなかかわり方」**ということを指します。想像してみてください。たとえば、あなたが職場の誰かを、完全に無視する。そうした人が多い職場って、居心地よいでしょうか。自分みたいな人が職場にいればいるほど、職場の居心地が悪くなる。それって、なんだか自分に呪いをかけているような感じがしますね。

反対に、あなたみたいな人が職場にいればいるほど、職場の居心地がよくなる。そんなふうにふるまうと、それはあなた自身も気持ちよく過ごせるでしょうし、職場のスタッフも気持ちよく過ごすことになります。

 職場の居心地がよくなるようにふるまう

自分みたいな人が職場にいればいるほど、職場の居心地がよくなると思われるようにふるまうというのが、あなたを含む職場の誰もが報われる、居心地よい職場づくりにつながります。これは大きなチャレンジになるかもしれません。そういうこともあるのだと、頭の片隅にでも入れておいて、「減らしたい行動以外の行動には気持ちよくかかわる」というマイナーチャレンジに挑んでみてください。それができたら、職場の居心地がよくなるような自分を、時々実践してみてください。

私ならどんなことを実践するのか。そうですねぇ。以前誰かに、「おはようございます」という挨拶は、「今日という日が、あなたに

とって素敵な1日でありますように」という願いが込められた言葉だと聞いたことがあります。なので、私だったら、そういう気持ちを込めて朝の挨拶をしてみることから始めたいと思います。

➕ マイナーな補足

減らしたい行動を無視すると
その行動が増える!?

　今回のケースは、相手からの不快な対応に、自分の持ち場でできることをするという話でもあります。相手の持ち場に踏みこみ過ぎることが、人間関係の悩みの解決を難しくするという話を、第1章の4（p.19）でしました。苦手な人と距離をとるといったことが、人間関係の悩みの解決として推奨されることが少なくありません。ですが、苦手な理由が明らかな加害行為でもない限り、距離をとるという対応は双方をハッピーにしないのではないでしょうか。

　というのも、距離をとるというのは、今回のケースで述べた「人」を無視するという行為となるからです。相手の行動のうち、自分を不快にするものには距離をとればいい。でも、私たちの内にあるあらゆる行動が、人を不快にするというのはあり得ないと思うのです。それこそ、第2章の1（p.29）で述べたラベリングが、そこに働いているのではないでしょうか。

　人は、その人にしかわからない事情から行動する。だからこそ、人を無視するという行為を通して、相手のあらゆる行動に取り合わないというのは、相手の持ち場に踏みこみ過ぎた対応となります。そうなると、お互いに居心地悪い職場で働かなくてはならなくなります。そういう視点から考えても、人を無視するという行為は、人間関係を解決するための「良きこと」を誰にももたらしてはくれないのです。

　ところで、こんな経験をしたことはないですか。付き合っていた恋人にフラれてしまった。こちらはまだ未練があるから、電話やメールを向こうに送り続ける。けれども、向こうからの返事はまったくない。そうすると、もっと頻繁に電話やメールをするようにな

る。それでも返事がないと、そのうち電話やメールをしなくなり失
恋は完結する。あぁ、たとえが切ないですね。遠い昔を思い出して
しまいました。それではこれはどうでしょう。

　夫のスマホから、知らない女性との楽しそうなやりとりを妻が見
つけた。妻が「これは誰？」と問い詰め、夫は「ただの友達だよ」
と答える。それでも妻が「これは誰？」と詰め寄り続けると、「ほ
んとにただの友達だ」という夫の言い訳は激しさを増しますが、妻
の詰問が続くとそのうち「ごめんなさい」と陥落する。この場合
も、妻の対応は無視に相当します。「無視する」とは、相手の行動
の前後でこちらの対応に変化が生じないことをいいました。夫の行
動の前後を見ると、妻は一貫して「これは誰？」と詰問しています
ので、ここでいう無視に相当します。

　いずれの例も、「減らしたい行動を無視すると行動は減る」に関
連します。でも、2つの例で起こっていることに、不思議な現象が
みられるのに気づきませんか。行動の前後でかかわりに変化がない
ようにすると、その行動はそのうち起こらなくなるという話だった
のに、減るどころか一時的に激しくなっています。

　これまでメリットを得ていた行動が、これまでのようにメリット
を得られなくなると、その行動は一時的に増えることがあります。
こうした現象を、「バースト」といいます。このことを知らなけれ
ば、「減らしたい行動を無視すれば減るという話だったのに、むし
ろ激しくなったじゃないか」と思って驚きますよね。

　なので、減らしたい行動だけ無視するというマイナーチェンジに
取り組んだとき、「その行動は一時的に増える」と心の準備をして
おく必要があります。そうした心構えをもっておくと、減らしたい
行動が激しくなっても、さほど驚かずにいられます。ただ、これだ
と我慢比べみたいになって、しばらくはお互いに苦しいかもしれま
せん。だからこそ、「減らしたい行動以外の行動には気持ちよくか
かわる」というマイナーチャレンジが活きるのです。あなた自身も
苦しくならないように、減らしたい行動以外の行動には気持ちよく
対応してくださいね。

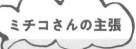

ミチコさんの主張

　私は、病棟で看護師長をしています。新人のアカリさんは、患者に投与する薬を準備しようとした際、同姓の別の患者の薬を準備していたのに気づいて、私に報告しました。重大事故につながりかねないヒヤリハット事案だと思ったので、「患者の名前をフルネームで確認するのが基本でしょ！　どうしてそんなこともわからないの！」と注意しました。アカリさんは「すみませんでした」と反省した様子でした。アカリさんは、当初は失敗するたびに、私に報告していました。私は、報告を受けるたびに、アカリさんのミスを減らしたくて、厳しく注意してきました。

　でも、あるときアカリさんは新たな失敗をしたのに、それを私に報告しなかったんです。彼女のミスに気づいた他のスタッフからの指摘で知りました。新人だし人間だから、失敗することは仕方ない。でも、なんで私に報告しないのよ、と腹が立って仕方ありません。アカリさんの看護師としての成長も意図して、心を鬼にして注意していたのに、これでは報われません。

☑ 緊張や焦りを強めた

　ミチコさんは、アカリさんの失敗に対して厳しく対処することで、管理職としての責任を果たそうとしています。軋轢を避けたくて「なあなあ」で終わらせる人も少なくないご時世、そうしたミチコさんの責任感の強さは、彼女の持つ美徳と考えることもできます。

　一方で、新人のアカリさんは仕事に緊張しつつ、早く一人前になるために焦りを強めることも多かったでしょう。緊張や焦りが強まると、私たちは視野狭窄に陥りやすくなります。目先のことに注目し、全体を俯瞰して眺めることが難しくなるのです。そうした事情が、失敗を生み出す温床になっていたのかもしれません。

　アカリさんのよいところは、当初は失敗をそのつどミチコさんに報告していたことです。それに対して、ミチコさんはアカリさんの成長も意図して、失敗したことを厳しく注意していました。ただ、そうした対応は新人のアカリさんの緊張や焦りをさらに強めてしまい、ますます視野狭窄に陥らせてしまったのかもしれません。そうすると、ミスはさらに増えてしまう。ミチコさんはよかれと思って注意したのに、これでは悪循環ですね。

☑ ミスを報告すると叱られる悪循環

　ところで、アカリさんがミスを報告しなくなったのはなぜなのでしょうか。その理由は、アカリさんを注意するタイミングにあります。ミチコさんは、アカリさんがミスを報告したタイミングで注意していました。これが、ミスを報告しなくなった原因と考えられます。

なぜそうなのかを、詳しく説明しましょう。第2章の2（p.42）では、私たちの行動は前後の状況によってコントロールされると述べました。その原理で考えると、**行動の直後に嫌な結果が伴うと、その行動は徐々に起こらなくなります**（図2-6）。

図2-6　行動の直後に嫌な結果が伴うと…

　ミチコさんは、アカリさんがミスを報告したタイミングで彼女を注意していました。図2-6で考えると、注意するタイミングがミスを報告した直後だったため、ミスを報告するというアカリさんの行動が減弱されてしまったのです（図2-7）。

　ミスをした行動をやめさせたくて注意したのに、まったく意図せず別の行動、それも今回のように望ましい行動をやめさせることになってしまった。こんなふうに注意するタイミングを間違えてしまったために、注意された本人やチームのパフォーマンスを下げてしまうのはもったいないことですね。

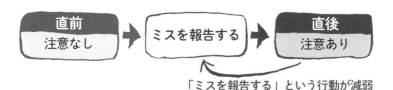

図2-7　ミスを報告した直後に厳しく注意する

そのほかに、アカリさんの報告を減らすほうに作用したのがミチコさんの注意の仕方です。それは、「どうしてそんなこともわからないの」という言葉です。これは、アカリさんから見ると、「そんなこともわからないあなたは、ダメな看護師だ」と否定されているように映ります。ミスをした行動ではなく、アカリさんという人が否定されてしまった。これでは、報告するモチベーションが下がってしまいますね。

上手に注意する　マイナーチェンジ　のポイント

1　望ましい行動は肯定的に承認する

ここまでの話から、相手の望ましくない行動を減らしたくて行う注意は、どのタイミングで行えばよいかがわかります。それは、"ミスなどの減らしたい行動の直後に注意する" ということです。そうすると、その注意は、減らしたい行動を徐々に起こらなくするように作用します。

今回のケースだと、ヒヤリハットにつながるアカリさんのミスの直後に注意するということです。とはいえ、後輩や新人のそばにいつもくっついているわけではないので、減らしたい行動の直後に注意するというのはあまり現実的ではありません。実際は、今回のように、ミスが発覚した後に注意することが多いと思います。

このとき、覚えておいてほしいのは、「報告」という望ましい行動の直後に注意してはならないということです。むしろ、**報告してくれたことを肯定的に承認する**ようにしてください。第2章の2（p.42）でも述べたように、**行動の直後にメリットが伴うと、その行動は次も起こりやすくなる**からです。このときの承認は、難しく考える必要はありません。

「△△というミスをしてしまいました」と相手が報告すると、「そうだったのね」と受け取る。この程度の声かけで、十分承認になります。この反対が、相手がミスを報告すると、「ダメじゃないの！」と応じる否定です。先ほどの声かけと逆方向なのがはっきりしますね。

② 「主語が大きい」「一般化しすぎ」の注意は NG

そのうえで、どのように注意するのがよいのでしょうか。**よくない注意の仕方の代表格は、「主語が大きい」と「一般化しすぎ」**です。

主語が大きいとは、「あなたはどうしてそんなにダメなの！」のように、相手のすべてを否定するような注意の仕方です。これだと、相手のすべてを注意することになってしまいます。そうなると、注意された人は不必要に自分を卑下したり、注意した人に対して強い嫌悪感を抱いたりしてしまいます。

一般化しすぎとは、「どうしていつもそうなの！」のように、今回のミスを「いつもそうなる」ことのように過度に一般化するような注意の仕方です。今回のミスを注意されるのであればまだしも、「いつもそうだ」のような注意のされ方をすると、注意された相手はがんばろうという意欲が萎えてしまいます。

どちらの注意の仕方も、「人」を注意しています。これが、本人のもっている力を奪い、職場の居心地の悪さを招いてしまうのです。

③ 人ではなく「行動」を注意する

　人ではなく「行動」を注意するようにします。行動をどのように注意するのかも、上手に注意するマイナーチェンジのポイントとなります。**やってはいけないのは（そして、よくやってしまうのは）、「なんでそんなことをしたの？」のような過去の行動に注目した注意の仕方**です。このような理由を問いただす注意の仕方は、まったく意味がありません。それは、注意されるようなことをしようとして、やったわけではないからです。

　こんなふうに尋ねられて、「それはですね」と饒舌（じょうぜつ）に答えられる人はいないはずです。過去の行動に注目した注意の仕方は、相手を追い詰めてしまいます。**上手に注意するには、「次からはこうしようね」と未来の行動に注目**すればよいのです。「そうだったのね。次からはこうしようね」と、**報告を承認してもらったうえで、未来の行動に向いた注意の仕方をされると、相手は安心して反省することができます。**

　このようにオープンに注意してくれると、注意された側も「こんなミスをしたから、みんなも気をつけてね」と周りのスタッフに共有することができます。こうした注意の仕方は、職場によい循環をもたらします。

ミスをしてしまいました…

そうだったのね。
次からは、ここを確認
しましょうね

もっと上手に注意するための マイナーチャレンジ

1 質問で相手に気づかせる

　もっと上手に注意したい人のために、マイナーチャレンジのポイントをお伝えします。誤った行動をして厳しく注意された後しばらくは、その行動が収まるかもしれません。けれども、しばらくすると、再び同じことを繰り返していた。こうしたことは、よくある話です。そうなる理由の一端は、行動を改めることが自分に必要である、という気づきの有無に由来します。私たちが行動を継続するには、そうしたほうがよい、と自分で気づく必要があります。

　たとえば、人から「この本おもしろいから読んでみて」と一方的に貸してもらった本と、書店で立ち読みして興味をもち自分で買った本とでは、どちらを率先して読もうとするでしょう。もちろん後者ですね。前者と後者の一番の違いは、「本のおもしろさに対する気づきの有無」です。このように、**その行動は"自分にとってためになる"という気づきが、行動継続の可能性を高める**のです。

　だとすれば、相手に改めてほしい行動に対しては、その理由に気づいてもらう伝え方ができるとよいということになります。そのために理に適った声かけは「質問」です。

＜質問のポイント＞

> よい質問例：「患者のフルネームを確認せずに薬の準備をすると、どのようなリスクを招いてしまうと思う？」
>
> ［ポイント］
> ・注意して伝えたかったことを、<u>質問を通して相手に気づか</u>

せ、相手に言葉にしてもらいましょう。

・質問するときは、<u>強い口調や早口で伝えない</u>ようにしましょう。相手は責められているように感じるので、相手の気づきを促すことはできません。

・相手が気づきを得て答えることができたら、それを<u>承認しま</u><u>しょう。</u>

同姓の患者さんがいたら、
薬を間違って投与してしまうかもしれません

その通り！ 次からは気をつけようね

 **② 相手の気づきの後に
望ましい行動を試してもらう**

　相手が気づけたことをふまえて、望ましい行動を試しにやってみてもらいましょう。その通りにできた相手に対して、「その調子！」とさらに承認を届けてください。

　相手が気づいた後にその行動を試してもらう理由は、**行動に対する効力感（自分はそれができるという自信）が、実際にやってみてうまくいったという達成感（成功体験）によって高まる**からです。

　相手に改めてほしい行動に、質問によって自分で気づかせる。そのうえで、望ましい行動を試してもらい、効力感を高める。これが、上手に注意するためのマイナーチャレンジです。

　ここで紹介した質問の仕方については、第3章の5（p.135）で詳細を述べています。さまざまな場面で使い勝手がよい質問なので、ぜひ自分のスキルの1つにしてみてください。

➕ マイナーな補足

厳しく注意することは本当に報われるのか

　注意するって、ほんとエネルギーがいりますよね。そこまで力を
ふり絞って厳しく注意することは、本当に報われるのでしょうか。
残念ながら、そうではありません。その理由は、次の3つによります。

1. 厳しい注意などのネガティブな対応は
　 一時的な効果しかもたないことが多い

　たとえば、車を運転している最中に、スピード違反や一旦停止の
無視で警察官に見つかり、罰金を取られたといったことで考えてみ
ましょう。これは、交通違反という行動の後に「罰金を取られる」
という嫌な結果が伴うことで、「交通違反」を減弱することを狙っ
ています。でも、いつも近くに警官がいるような状況でない限り、
一旦停止の止まり方が甘かった、のようなことがしばらくするとま
た起こる可能性もあるかもしれません。問題行動を減らすために、
直後にネガティブな対応を伴わせるのは、労力のわりに効果が続か
ないのです。

2. 注意の程度を徐々に強めていかなければ効果がなくなる

　私たちは、よくも悪くも「慣れ」が生じます。最初は小さな声で
「ダメです」と注意していたのが、そのうちもっと大きな声で注意
しなくては効かなくなってしまうのです。100円で買えていたも
のが500円出さないと買えなくなった。そうして、どんどん価格
は吊り上がり、1万円出さなければ同じものを買えなくなってし
まった。なのに、買ったもの自体はたいして長持ちしない。

　これって、割に合う買い物だといえるでしょうか。注意だけで行
動を変えようとするのは、そうした買い物と同じ営みだといえます。

3. 周りの環境にまで苦手意識を広げてしまう

　ミチコさんは、アカリさんの看護師としての成長も意図して、失
敗に対して厳しく注意していました。でも、厳しく注意されると、

第2章　上手に「ネガティブな対応」をする　マイナーチェンジ

アカリさんはミチコさんだけでなく、今いる職場にまで苦手意識を広げてしまうことになりかねません。それで最悪、離職を招いてしまったということも少なくないのです。

　厳しく注意するという行為は、労力のわりに報われることがほとんどありませんが、上手に注意するマイナーチェンジとマイナーチャレンジは、こうした厳しく注意するといった対応とは一線を画しています。

・相手の報告を承認したうえで、未来の行動に向けたメッセージを届ける。
・相手に気づいてもらうための質問を繰り出す。

　これらはいずれも、この先の成長を応援している意図が相手に伝わりやすく、一方的なやりとりになりません。厳しく注意するのは、相手の気持ちをくじく行為です。それに対して、上手に注意するためのマイナーチェンジとマイナーチャレンジは、相手を勇気づけます。あなたは、どちらのやり方で注意されたいですか。勇気づけられるように、後輩や新人を注意してあげてください。

4 こっちだって聞きたいわけじゃない
──上手に陰口を聞くためのマイナーチェンジ

キヨコさんの主張

　私は特別養護老人ホームで、介護職員として働いています。同僚のテルコさんとシンジさんに参っています。2人は、ことあるごとにスタッフや利用者の陰口を広め、あることないことを言いふらすのです。休憩中、テルコさんかシンジさんと一緒になると、ほぼ決まって誰かの悪口を聞かされることになります。そうかと思うと、仕事中少し時間ができたときも、2人のうちのどちらかに出くわすと、決まって誰かの悪口を聞かされます。2人が話していることが本当かどうかはどうでもいいです。とにかく、他のスタッフや利用者のことをとことん悪く言いふらす。それを聞いていると、とても気分が悪くなります。

　かといって、聞きたくないと言ってしまえば、今度は私が陰口のターゲットになりそうで怖いです。それに、私が彼らの陰口を聞かないようにしたところで、他のスタッフも聞かされているので、職場の雰囲気は変わらないと思います。陰口が職場の雰囲気をどんどん悪くしているように見えますし、そうした悪口を聞くことで居心地の悪い職場づくりに加担しているようにも思えてしまいます。毎日、職場の空気が重いです……。

☑陰口や悪口を聞いてしまっていた

　同僚から聞かされる陰口や悪口の話は、職場の人間関係の悩みの代表格のようなものです。実際、対人援助職を対象とした講演や研修を行った際にも、参加者の個人的な質問や悩みとして、職場で横行する陰口や悪口の話が少なくない印象を、私はもっています。第1章の1（p.5）で示した介護職員を対象に行った、職場の人間関係の悩みに関する私たち研究チームの調査でも、「陰口や悪口を聞かされる」が圧倒的に多かったです。

　陰口は、キヨコさんの主張からもわかるように、職場の居心地を悪くしてしまいます。それは、**陰口や悪口のようなゴシップは、組織や個人の力を消耗させて、マイナスの感情を生み出す悪循環を強める**からです。にもかかわらず、職場から陰口や悪口が減らないのは、陰口や悪口を言うことが、本人にとって強いメリットを伴うためです。

　では、そのメリットとは何でしょうか。それは、陰口や悪口を誰かが聞いてくれるということです。そもそも、聞く人がいないのに、陰口や悪口が広まることはないですよね。心ではよく思っていなかったものの、陰口や悪口を聞いてしまっていた。そうしたキヨコさんの態度が、陰口や悪口を聞かされる温床となっていたのです。

☑陰口を言って職場環境が
よくなることはない

　今回のケースでは、上手に陰口を聞くにはどうすればよいかを扱ってみようと思います。ここで、こんな疑問をもたれた人はいませんか。「どうして"上手に陰口を言う"にしなかったのだろう」

と。たしかに、第2章は上手にネガティブな対応をするマイナーチェンジについて扱っています。ですが、**陰口を言うことで、職場の居心地がよくなることはありません。**陰口を上手に言えば言うほど、職場環境はますます悪くなります。とはいえ、陰口は冒頭でお伝えしたように、対人援助職の抱える職場の人間関係の悩みとして少なくありません。だとしたら、それを上手に聞くことで職場の居心地を少しでもよくできないかと考え、陰口を上手に聞くというテーマにしてみました。

　陰口や悪口を言うパターンは、2つに分類できると思います。困り反応と推し反応。そこで、上手に陰口を聞くためのマイナーチェンジは、「困り反応」を中心に述べ、「推し反応」はマイナーチャレンジでふれてみましょう。

上手に陰口を聞く マイナーチェンジ のポイント

① 困っている相手の持ち場に踏みこみ過ぎない

　まず、陰口や悪口を言ったときのことを自問してみてください。聞いたときではなく、自分が言ったときです。もちろん、私もそうしたときがあります。そのとき、陰口や悪口の対象となった人のことで、何か困ってはいなかったでしょうか。そして、その困った気持ちが陰口や悪口となって表れた。そんなことがありはしなかったでしょうか。

　私たちが**誰かの陰口や悪口を言ってしまうとき、困った気持ちの表れとしてそうした言葉が口から出てしまう**のです。つまり、陰口や悪口は、「困り反応」でもあるのです。一方、特に困っていないのに、相手の陰口や悪口に乗っかり聞いてしまう人は、相手の持ち場に踏みこみ過ぎていることになります。

たとえば、相手が「先日ラーメン食べに行ったの。そしたら、ラーメンに髪の毛が浮いていて。気持ち悪くて取り替えてもらったけど、最悪じゃない？！　店主もすごく感じ悪かったし、最悪な店だったわ」と言ったとします。それを聞いてこちらが、「マジで？！　ホント最悪な店。早く潰れたらいいのに！」のように前のめりに聞いてしまう。でも、これって聞いている側はそのラーメン屋との間で何もないわけです。あくまでも、それを体験した相手の持ち場の話に過ぎません。

　これと似たことは、一般的なゴシップでもよくあります。メディアで芸能人の不倫等の不祥事が報じられると、まるで自分がその芸能人の家族かのような強い反応を示す人がいます。これも、相手の持ち場に踏みこみ過ぎてしまっています。ゴシップ（陰口・悪口）に対するこうした聞き方は、さらにマイナスの感情を生み出し、世間を窮屈にしてしまいます。**困っているのは相手なのに、相手の持ち場に踏みこみ過ぎて聞いてしまうところに、陰口や悪口の悪性度を強める理由がある**のです。

 一緒に陰口や悪口を言うのではなく　困っている気持ちに寄り添う

　では、職場のスタッフからの陰口や悪口を、どのように上手に聞けばよいのでしょう。それは、**陰口や悪口ではなく、相手の困っている気持ちに寄り添う**ことです。陰口や悪口は言っているその人の困り反応だということを思い出し、一緒になって腐すのではなく、「それは困ったね」と返してあげればよいのです。そうすることで、相手の持ち場に踏みこみ過ぎるのを防ぐことができ、陰口や悪口が職場にマイナスな感情をもたらしにくくなります。それに、相手の陰口や悪口を自分の持ち場に引きこまなくて済むので、こちらもモヤモヤしません。

Aさん、こんなこと言っていたよ。あの人、ほんと嫌な人だよね

 マジでぇ！　Aさんって、ホント嫌なやつ！

 Aさん、こんなこと言っていたよ。あの人、ほんと嫌な人だよね

 そんなこと言われたら困るね

　仮に聞かされた陰口や悪口が、実は自分も困っていたことだった場合、それはそれで、**「職場の居心地をよくするための課題」が浮き彫りになった**ということでもあります。その困り感を解決するために何をすればよいかを建設的に話し合う機会としてみてはいかがでしょうか。そうすると、陰口や悪口がただの個人攻撃ではなく、居心地のよい職場をつくり出すための課題解決のきっかけとなります。

 もっと上手に陰口を聞くための マイナーチャレンジ

 「推し反応」には「推し」で応じる

　陰口や悪口が「困り反応」ではなさそうな場合、つまり悪意に満ちたものである場合はどうすればよいのでしょう。仮にそのような陰口や悪口だったとしたら、それは言っている人の**「推し反応」**だと考えていいでしょう。つまり、陰口や悪口の対象となった人について、言っている人はかなり推しているわけです。

「誰かのことを腐しているのに、その人を推しているなんてあり得ない」と思った人もいるかもしれません。でも、よく考えてみてください。職場での話題は、話そうと思えばいろいろな話題からネタを選ぶことができるのです。それなのに、わざわざ特定の人に絞った陰口や悪口ばかり出てくるなんて、もうその人のことを推しているとしかいえません。

　ちなみに、陰口や悪口を言う人が、対象となった人をそこまで推せるカラクリは、第2章の1（p.29）でも説明したラベリングが作用しています。ラベリングは、私たちの視野を狭める働きがあるように、その人しか見えなくなってしまっているのです。

　陰口や悪口が、言っている人の推し反応の場合、それを聞かされたらどう応じるか。もちろん、こちらも自分の推しを言わないとだめでしょう。「推しには推し」。つまり、上手に陰口を聞くマイナーチャレンジは、**自分の推しを言う**ことです。

　自分の推し自慢は、職場の人の話でなければ、何でも構いません。近くに新しくできたレストランのランチがおいしかったとか、今観ているドラマは最高とか、集めている石が千個超えたとか、**職場の人以外のあなたの「推し」を言って聞かせる**のです。遠慮はいりません。相手もあなたに推しを言って聞かせているわけですから。

2 違う領域の「自分の推し」をもつ

　自分の推しで応じれば、相手の言う陰口や悪口に乗らずに話題を変えることにもなるので、空気が読めないと思われないか心配な人もいるでしょう。それでいいんです。**陰口や悪口を聞く奥義は、「空気を読まない」**ことなのです。空気を読んで、陰口や悪口を前のめりに聞いてしまうと、「私もその人推してる！」という態度とし

て相手に映り、陰口や悪口が余計に盛り上がってしまいます。だから、陰口や悪口をこれまでどおり聞くというスタイルは、上手じゃないんです。

　陰口や悪口の対象となった人のことを、「私はそうは思わない」と勇気を出して返すのも悪くありません。でも、これは陰口や悪口を言った相手の「推し反応」を否定することになるので角が立ちます。しかし、違う領域のことで自分の推しを言うことは、それ自体角が立つことはありません。職場で陰口や悪口を聞かされたときに、すぐさま自分の推しが言えるように、推しレパートリーをもっておいてください。

　ちなみに、「推しには推し」のやり方は、学校でのいじめにも効果があることが確かめられています。特定の生徒の悪口を言うクラスメイトの中に、悪口とは違う話題を出す生徒がいれば、悪口はそれ以上大きくならず、いじめに発展しにくいというのです。陰口や悪口を聞いたら、それとは違うネタで自分の推しを話す。そうすることは、居心地のよい職場を育てるチャレンジとなります。

✚ マイナーな補足

傍観者効果

　キヨコさんは、自分が陰口を聞くことで居心地の悪い職場づくりに加担しているのではという思いと、自分が聞かなくても他のスタッフが聞かされるので職場の雰囲気は変わらないという思いによる葛藤を抱えていました。

　このことから、私は1960年代にアメリカで起こった次のような事件を思い出しました。帰宅途中だった女性が、住宅街で暴漢に襲われたのです。彼女は大声で何度も助けを求めました。ところが、誰も彼女を助けようとせず、警察に通報することもなく、30分後に彼女は殺害されてしまったのです。ちなみに、周辺では38人の住民が窓越しに彼女が襲われる場面を眺めていました。当初、この事件は「都会の人間は薄情だ」という世論を形成しました。この事件に関心をもった心理学者のラタネとダーリーは、世論とは異なる仮説を立てました。それは、「都会に住む人が薄情なのではなく、多くの人が事件を見ていたことが原因ではないか。つまり、大勢の人が事件を見ていたために、被害者を助けようとする行動が抑制されたのではないか」というものでした。

　それを確かめるために、大学生を対象に次のような実験を行いました。ある調査に協力してほしいと大学生を招き、アンケートに回答してもらいます。しばらくすると調査員は、隣の部屋に忘れ物をしたので、そのまま回答を続けてほしいと伝え、部屋を出ていきます。すると間もなく、隣の部屋で調査員の苦しそうなうめき声が聞こえてきます。部屋にいた大学生が一人の場合と複数人いた場合では、助けを呼びに行く人の割合に違いがでるかという実験です。結果は、部屋に複数人いた場合のほうが、助けを呼びに行った人が圧倒的に少なかったのです。この実験から、多くの人が見ている場面において、援助行動が抑制されるという心理学者らの仮説は支持され、「傍観者効果」と名付けられました。

　傍観者効果が起こる理由の1つに、「責任分散」があります。これは、大勢に合わせていれば、自分にかかる責任は小さくなるとい

う考えです。職場における陰口で考えてみましょう。職場の誰かが陰口のターゲットにされています。陰口を聞かされると、キヨコさんのように聞くことにためらいを感じる人もいますが、同時に「聞きたくないと言えば、今度は自分が標的にされるかもしれない」と考えてしまい、葛藤が生じます。

　この葛藤を解消するのが、責任分散です。具体的には、「聞いているのは私だけではない。私が聞かなかったところで、他のスタッフも聞いている」と思いこもうとする。それによって、「陰口を聞くことに伴う責任は、私個人ではなく職場全体で負うものであり、私にはどうすることもできない」と解釈されてしまうのです。

　しかし、責任分散しながら陰口を聞く人が多いほど、自分が陰口のターゲットとなったときに、自分自身もつらい状況に陥るリスクを高めてしまいます。なぜなら、責任分散しながら陰口を聞く人が多いと、陰口は職場内でどんどん広まってしまうからです。

＜傍観者効果を打ち消すには＞

　先ほどの心理学者らによると、傍観者効果を打ち消すには、①その場にいる人に、現在援助を要する異常事態が発生していることやその緊急性について理解してもらうこと、②その場にいる人が、適切な対応方法を知っていること、の2点を挙げています。

　陰口が職場に横行するというのは、やはり異常なことです。そして、対人援助はスタッフ同士の連携がなければうまく進まず、結果的にその負の影響は利用者に跳ね返ってしまうので、緊急性の高い問題であると思っておいたほうがよいでしょう。そのうえで、適切な対応方法を知っている必要があるのですが、あなたは今回マイナーチェンジとマイナーチャレンジを通して、上手に陰口を聞く方法を知り得ました。職場で陰口を聞く機会があれば、さっそく試してみてください。

■文献

Latané B, Darley JM. "The unresponsive bystander: why doesn't he help?" *Appleton-Century Crofts*, 1970

5

失敗ばかりする自分はこの仕事に向いていない

——上手に失敗するためのマイナーチェンジ

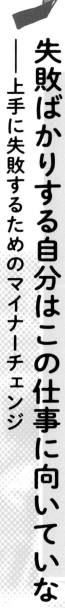

クミさんの主張

　私は、グループホームで生活支援員をしています。働き始めて2年目になる私の悩みは、ミスが度々あることです。利用者同士でトラブルが起こると、双方の事情を十分に聞かず一方の肩をもってしまい、余計に事態をこじらせてしまいます。そうかと思うと、相手が一人でできることまでお世話をしてしまって、自尊心を傷つけてしまったり……。

　失敗した後は、「二度とこんなミスはしない」「次からは気をつけよう」と意識するのに、またどこかで失敗してしまうのです。失敗をするたびに、「またやってしまった」「自分はどうしてこんなにダメなのだろう」と自分が嫌になってしまいます。私は支援員失格です。この仕事に向いていないのかもしれないと、最近は落ち込む毎日です。

☑ 心を閉じた状態で 失敗に向き合っている

　ミスを重ねて、生活支援員に向いていないと落ち込んだクミさん。みなさんのなかにも、「こんなにミスを重ねる人は、生活支援員に向いていない。辞めたほうがいい」と思う人がいるかもしれません。でも、私はそうは思いません。むしろ、クミさんにはぜひとも生活支援員を続けてもらいたいと思いました。そう思ったのは、彼女の「支援員失格です」という訴えからです。どのような仕事にせよ、「給料さえもらえたらそれでよい」というモチベーションの人もいたりするなかで、クミさんはそうは思わなかった。支援員失格という訴えの奥には、「もっとよい支援がしたい」という強い気持ちが隠れているからこそ、「支援員失格」と思えたのです。

　それに、そのつど「二度とミスをしない」という意思を保つことができています。そして、ミスを重ねてしまったからといってあきらめるのではなく、ミスをせずに生活支援員としての仕事を続けようとがんばることができています。このような態度にも、先ほどの「もっとよい支援がしたい」というクミさんの意思を垣間見ることができます。きっと、クミさんには生活支援員という仕事をすることが、自分にとって大切な価値にふれるのかもしれませんね。

　ところで、クミさんは失敗をするたびに、「またやってしまった」「自分はどうしてこんなにダメなのだろう」と考えてしまっています。このような態度は、心が閉じられた状態で失敗に向き合っていることになります。つまり、失敗したら条件反射的に、「またダメだ」「だから自分はダメだ」という捉え方に陥るようになっています。その方向からしか失敗を眺められていないので、自分が嫌になり、支援員失格という判断に結びついてしまうのです。

第2章　上手に「ネガティブな対応」をするマイナーチェンジ

似たようなことに、「大変なことをしてしまった」「明るみになったらまずい」のような失敗に対する態度があります。これも、失敗を一方向からしか見ることができていないので、心が閉じられた状態で失敗に向き合っています。ちなみに、この方向から失敗を眺めてしまうと、隠ぺいしようという行動が起こりやすくなります。

　このように失敗に対して心が閉じられてしまうと、**視野が狭められ、捉え方が極端になります**。そして、**自分を責めて落ち込んだり、隠ぺいしようとしたりと、事態をより悪くするような行動が起こりやすくなる**のです。これでは、上手な失敗とはいえません。

① 心をオープンにして失敗に向き合う

　基本的人権の1つに「失敗する権利」があるのをご存知ですか？正確には、「**私たちは誰もが過ちを犯し、それに責任を持つ権利がある**」というものです。この人権は「人間の権利」とも呼ばれています。つまり、私たちは完璧な存在ではないので、失敗をしてしまうことはある。失敗をしたら、できる限りで責任を果たせばよい。そんなふうに失敗する不完全さを前提として、人間を理解しようと

するのが、この権利に通底している考えです。「叩けば埃が出る」ということわざも、人は誰もが失敗するものだという前提に立った言葉ですね。そう考えると、少し肩の荷がおりませんか。

そして、この権利でもう1つ大切なことは、失敗に対して責任をもつということです。つまり、失敗を次に活かすためにできることをするのも、この権利ではセットになっています。とはいえ、心が閉じられた状態で失敗に向き合うと何が起きるでしょう。

クミさんのように「また失敗した」「だから自分はダメだ」という自己卑下で頭がいっぱいになってしまい、そこから何をすれば次に活かされるかという責任を果たすことができません。ましてや、「大変なことをしてしまった」という方向から失敗を眺めて、隠ぺいにつながったりすれば、次に活かされるどころか、事態をさらに悪くしてしまいます。

ここから、上手に失敗するマイナーチェンジのポイントが見えてきます。それは、**心をオープンにして失敗に向き合う**ということです。もし失敗してしまったら、失敗を次に活かすために、心がオープンになっている必要があるのです。逆にいうと、失敗したときにそれにオープンに向き合うことで、あとに何をすればよいかは、オープンな心がいざなってくれます。

「まずは上司に報告しよう」とか「相手に誠実に謝ろう」のような判断ができるのは、失敗に対して心がオープンになっているからです。

② **失敗に伴って生じる体験にありのままに気づく**

では、どのようにすれば、心をオープンにして失敗に向き合うことができるのでしょう。それは、**失敗に伴って生じるさまざまな体験を、あれこれ評価せずにありのまま気づくようにする**ことで

す。

　決して、「また失敗した。だから自分はダメだ」と思ってはいけないとか、「大変なことになった」と思ってはいけないということではありません。そんなふうに「これこれをするな」という態度も、心が閉じられた状態です。

　そうではなく、「また失敗した。だから自分はダメだ」ととっさに考えたとしたら、そう思ったことにありのまま気づく。「大変なことになった。このままだとヤバい」と冷や汗をかいたとしたら、そう思ったことにありのまま気づく。こんなふうに、**失敗にまつわる体験を避けずに、かといってのめりこまずに向き合う**。それが、心をオープンにするということです。

　心を閉じようとする態度は、簡単にわかります。失敗に伴って心がキューっとなっているはずですから。そうした状態に気づくということが、心をオープンにして失敗に向き合うということです。

　生きている限り、私たちはこの先も失敗をしてしまうことがあるでしょう。そのとき、心をオープンにして失敗に向き合うということを、まずはやってみてください。心が閉じられた状態で失敗に向き合うときよりも、はるかによい結果をもたらしてくれるはずです。

もっと上手に失敗するための
マイナー　チャレンジ

1 個人だけのせいにせず職場の課題として捉える

　上手に失敗するマイナーチェンジは、失敗した個人にスポットを当てて、個人でできることを述べてみました。でも、もしその失敗が個人の努力だけではどうにもならないようなことならば、他のスタッフも一緒に対応したり、そうした失敗をしないで済むような環境調整を、上司を含む周りも一緒になって考えたりする。そんなふうに、みんなで個人の失敗を乗り越えていけばよいと思います。

　つまり、**失敗を個人だけの責任にせず、職場の責任として対処しようとすればよい**のです。そして、このような発想は、居心地のよい職場づくりのために、特に重要であると私は考えています。

　職場の人間関係がギスギスしたときのことを想像してみてください。「あの人だけ楽をしてズルい」とか「なんであの人の尻拭いをしなければならないの」のように、**スタッフ間の仕事量の濃淡に由来した言葉が飛び交ってはいないでしょうか**。特に、それが対人援助の職場だと、人手不足も絡んでしまい、効率よく動けないスタッフや、ミスを重ねるスタッフなど、いわゆる足手まといに思えるスタッフがいたら、その人個人を非難し、辞めてもらいたいと考える雰囲気が生まれやすくなってしまいます。

　こうした状況は、ナチス・ドイツが行ったT4作戦に対する、ある神父の勇気ある批判を思い起こさせます。T4作戦とは、障害を抱えているために、戦時下において生産的な役割を担えないとナチスが判断した人々に対して行った虐殺政策です。これに対して、神父はこう批判しました。「非生産的な市民を排除してもよいとするならば、今標的とされている人々だけでなく、病人や傷病兵、高齢者など、いずれ私たちすべてを排除することが正当化されるだろう」と。

働き方の濃淡をもとに、**生産性の低さや効率の悪さ、失敗について個人を責めるような職場は、いずれ職場の構成員全体も攻撃対象**になります。なぜなら、いつも同じレベルに生産性や効率を保ったり、失敗をしないようにしたりするほど、私たちは完璧な存在ではないからです。それなのに、生産性や効率、失敗を理由にあらゆる場面で攻撃が繰り広げられる職場は、居心地が悪い以前にグロテスクですね。

　そうならないための営みこそ、上手に失敗するためのマイナーチャレンジです。それは、**失敗を個人だけのせいにするのではなく、職場の課題として捉える。**そして、**失敗が起こった状況を補うために、どのような職場環境をつくり出せばよいかをみんなで考え、それにチャレンジする**ことです。こんなチャレンジがマイナーといえるのかといぶかしむ人もいるかもしれません。もちろん、これを個人がしようとすれば、マイナーではなく、かなりハードなチャレンジとなるでしょう。このチャレンジに取り組むのは、職場全体です。職場全体で取り組む限り、チャレンジする人が多いその営みはマイナーなものになり、なおかつ居心地のよい職場をつくり出すチャレンジとなります。

✚ マイナーな補足

特殊性と普遍性

　人の行為を理解する視点に、「特殊性」と「普遍性」があります。特殊性は、その人固有の事情に注目する視点です。普遍性は、どのような人にも共通してみられる特徴として、人の行為を理解する視点です。人の行為を理解するとき、この双方に注目すると、コミュニティの居心地をよくするヒントが見つかります。

　たとえば、コロナ禍では感染者や医療従事者に対する心ない差別や偏見が後を絶ちませんでした。そうしたニュースを見た人は、「なんてひどいんだ」と義憤に駆られたことでしょう。私もその一人で

した。これは差別や偏見をした人を、特殊性の視点で捉えています。

　ところが、特殊性の視点だけでこうした話を眺めてしまうと、「ひどい人もいる」という話で終わってしまいます。それで、差別や偏見が減ることはありません。なぜなら、差別や偏見には、私たち誰もがそうした行為に及ぶ可能性があるという普遍性が備わっているからです。ネットやリアルの世界で、感染者や医療従事者に対して差別や偏見に基づくメッセージを発信した人は、まさか自分が差別や偏見をしているとは思いもよらないでしょう。

　差別や偏見を減らすために必要なこと。それは、自分もそのような行為に及ぶ弱さを抱えているという普遍性を理解したうえで、自分はどうあればよいかと自分の課題として、差別や偏見について考えてみることです。

　なぜこのような話を持ち出したかというと、今回のケースで触れた「失敗」に対して、私たちの社会はあまりに不寛容だと思うからです。そうした風儀が、職場を含むさまざまなコミュニティを生きづらくしているように思います。誰かが過ちを犯すと、これでもかというほど、ネットやメディアなどあらゆる場面でバッシングを受ける。そんな光景が日常茶飯事となってしまったかのような時流では、人は積極的にコミュニティに力を届けることが難しくなります。なぜなら、余計なことをしてうまくいかなければ、コミュニティから徹底的に叩かれるからです。これは、失敗を特殊性の視点で捉えています。

　誰もが失敗をする不完全さを備えているのに、失敗を特殊性の視点から捉え、それを糾弾するようなことばかりしてしまうと、失敗したことを報告することが怖くなり、隠ぺいするようなことまで起こりかねない。そうなると、失敗がさらに大きな被害を招いてしまいます。

　人々が積極的にコミュニティに力を届けたり、失敗による被害を大きくしないためにも、ある程度の失敗に対して寛容な文化を職場に育てる必要があります。そのためには、失敗を当事者の特殊性に帰すのではなく、そこに潜む普遍性に注目することが求められま

す。そうすると、自分のなかにある「失敗をする不完全な自分」を認めることができ、同胞意識により他人の過ちや失敗に対してある程度寛容になれると思うのです。他人の失敗に対して、頭ごなしに責め立てることをせず、自分も失敗をすることがあるという普遍性の視点で眺めてみる。そうすると、失敗を再び起こさないために、どのような環境を整えればよいかという建設的なやりとりもできるようになるでしょう。

よくあることだよ
次からは気をつけようね

普遍性の視点

ダメじゃないの！
もっと気をつけてよ

特殊性の視点

　「よくあることだよ。次からは気をつけようね」といった声かけは、失敗を普遍性から眺めることで生まれます。一方、「ダメじゃないの！　もっと気をつけてよ」といった声かけは、失敗を特殊性から眺めることで生まれます。普遍性と特殊性のどちらの声かけが、相手の心をオープンにするでしょう。どちらの声かけが、相手に反省を促し、その後も積極的に力を届けようという気にさせるでしょう。対人援助の職場は、十分な経済的手当もなく、人手不足も深刻な状況です。とはいえ、医療や福祉、介護などの対人援助は、それなくして人々は生きていくことができない大切な社会資源でもあります。支えを必要とする人が安心して暮らすためになくてはならない対人援助の職場を守るためには、一人でも多くの人が率先して力を届ける必要があります。そして、そこで働く支援者も、大切に守られなくてはなりません。そのためにも、他人の失敗に対して、そこに潜む普遍性＜自分も備えている不完全さ＞に、一緒に注目していきたいですね。そうした態度は、「失敗に対して適度に寛容な職場」をもたらし、そこで働く私たちを勇気づけてくれるでしょう。

ヒカルさんの主張

　私は、総合病院の病棟に勤めている看護師です。同僚のアケミさんの話を聞いてください。彼女、とにかく医師に媚びるんです。

　優しい先生もたくさんいますが、横柄な態度の先生もいます。こちらは患者の対応で忙しいのに、「○○さんのバイタルは？」のように自分で記録を見ればわかることをわざわざ私たちに聞いてきたり、明らかに看護師の業務でないようなことを命令してきたりします。

　そうしたとき、アケミさんは真っ先に「ハイ！」と言って、なんでも医師の命令に従おうとするのです。アケミさんが一人でできることだったらまだしも、医師の指示が翌朝のことだったりすると、「これこれやっといて」と夜勤の看護師に伝えてくるんです。こんなふうに、結局は横柄な医師に媚びるアケミさんのせいで、病棟全体の業務がかき乱されてしまうのです。そこまでして医師に気に入られたいのでしょうか。

☑ 嫌なことを避けるための「媚びる」

　「媚びる」とは、相手に気に入られようと思って、相手の機嫌をとることです。そして、媚びる対象は、自分よりも上の立場にいる人であることが多いようです。日本はタテ社会だといわれますが、媚びるという行為は私たち日本人にとってかなり身近な行動様式かもしれませんね。

　人の行動は、2つの動機のいずれかによって成り立ちます。1つは**好きなことに向かうために行動する**。そしてもう1つは、**嫌なことを避けるために行動する**。いずれも、当事者に短期的なメリットをもたらします。このうち「好きなことに向かう」という視点で、媚びるメリットについて考えてみましょう。

　人によっては、上の立場の人に気に入られることで、自らの社会的威信を高めたいと思う人もいるでしょう。つまり、出世のために媚びるのです。ですが、近頃の時流を眺めていると、こんなにも失敗に不寛容な社会となり、対人援助を担う法人や組織からますます余裕が失われているような状況です。好んで出世したいという気持ちになる人は、昔ほど多くはないように思います。

　だとすれば、対人援助の職場で、誰かに媚びるというのは「嫌なことを避ける」という動機から起こっていることが多い可能性がでてきます。避けている嫌なこととは何か。それは「不安」ではないかと思うのです。**不安という感情は、すべて将来に対する悪い先読みから生じます。**

　医師の指示に対するアケミさんの対応は、ヒカルさんから見ると過剰でした。しかし、看護師は医師の指示に基づいて医療行為を行うのが基本なので、アケミさんの行為をすべて媚びるという視点から捉えるのも気の毒な気がします。そのうえで、本来の指示に基づ

く行為を超えた対応がアケミさんにあったとすれば、それは不安によって駆り立てられたのではないでしょうか。アケミさんにしてみると、医師の指示に従っている限り、自らの判断に伴うミスやそれによる責任を回避することができます。つまり、失敗したらどうしようという将来への不安が強くなりすぎたあまり、媚びるという行為につながったと考えることができます。

☑ 媚びるのは不安の表れ

　このように、立場の強い人に媚びることで不安を解消しようとする。これが、媚びるという行為のもう1つの動機となるのではないでしょうか。そう考えると、**いつも誰かに媚びている人は、不安を常に抱えている**と捉えることもできます。あなたが人から媚びられた場合を想像してみてください。きっと重たく感じませんか。それは、「私はこんなにもあなたの機嫌をとろうとしているのだから、それに見合うような安心を私に届けてくださいね」と、相手の不安を押しつけられてしまうからなのです。

　反対に、媚びた人を見かけると不快になるのも、こちらの不安が刺激されるからだと考えることができます。たとえば、食堂で自分のお気に入りの料理を毎回注文する人を見ても、「同じ趣向だな」と思うくらいで不快になることはありません。ところが、その料理は数に限りがあり、それを手に入れるのは供給する店員の気分次第

だとすれば、店員の機嫌を取ろうとする客を見るととても不快になりませんか。そのせいで自分はその料理を手に入れられないかもしれないと不安になるからです。媚びる人を見て不快になるのは、知らず知らずのうちにその人の不安にこちらも巻き込まれているからなのかもしれません。

上手に媚びる マイナーチェンジ のポイント

1 媚びる対象を患者や利用者にも向けてみる

　このことから、**媚びる人が職場に多ければ多いほど、その職場は不安を喚起させやすい状態に陥っている**と考えることができます。職場に不安を感じさせる余地が少なければ少ないほど、媚びるという行為は原理的に起こりにくくなるからです。その証拠に、信頼関係が築かれている相手に対して、媚びるという行為は起こりません。なので、まずは職場で誰かに媚びている人を見たら、「それだけ不安なんだなぁ」と思ってあげてください。元々の意味合いである、「気に入られるために」媚びているわけではないことが多いのです。不安を解消するために媚びていると考えると、媚びる人を見かけたときに不快に感じずかかわろうという余裕が生まれます。

　さて、対人援助の職場で上手に媚びるには、どのようなことをマイナーチェンジすればよいのでしょう。**媚びる対象を、たまには患者や利用者に向けてみる**のです。媚びるという行為は、相手の機嫌をとることによって成り立ちます。何らかの困難を抱えている患者や利用者に対して機嫌をとることは、困難を乗り越えようとする患者や利用者を勇気づけることになります。

　患者や利用者に媚びるというのは、媚びるという行為が不安の解消だった場合においても理に適っています。というのは、支援者の

抱える不安が、職場での失敗など自らの過失への懸念にあるとすれば、それは裏を返すと、患者や利用者によりよい支援をしたいという気持ちの表れでもあるからです。患者や利用者の機嫌をとることが支援者の支援をよりよいものにするのであれば、不安解消の手段として患者や利用者に媚びるというのはあながち間違っていないことになります。

 媚びる相手を理解する

　患者や利用者に対してもっと上手に媚びるには、「相手を理解する」という行為が適切です。なぜなら、支援を必要とする人は、抱える困難によって何らかの生きづらさを経験しているからです。**生きづらさは、当事者が心の中で感じているものであるため周囲には理解されづらく、そのことが心細さや孤独感、孤立感をもたらします**。そうした立場にある患者や利用者にとって、「支援者が自分のことを理解してくれている」と思えると、とても勇気づけられることでしょう。

　相手を理解するためには、相手の語りをありのまま受け止める必要があります。だとすれば、**患者や利用者に上手に媚びる、すなわち機嫌をとるには、相手の語りを十分に聴く機会を設ける**とよいということになります。相手の話を聴くことによって支援者と信頼関係が築かれ、よりよい支援になっていきます。そうなると、支援がうまく回らないことに伴う不安の解消手段として生じる、「立場の強い人に媚びる」という媚び方よりも、もっと上手に媚びることができますね。

もっと上手に媚びるための
マイナー チャレンジ

① 媚びる行為をチームにも広げる

　媚びることができるのであれば、せっかくなのでその力を職場に使わない手はありません。今回のヒカルさんの話からもわかるように、特定の誰かに媚びると、場合によってはそれを見た周りの人も不快になってしまいます。

　だとすれば、特定の誰かにではなく、チームに媚びることができればよいのではないでしょうか。そうです。**媚びるという行為を、全方位に広げる**のです。とはいえ、やみくもに媚びまくるのも疲れますし、そもそも何をして媚びればよいかということにもなります。

② 相手が安心するようにふるまう

　先ほど、私はこう述べました。媚びる人が職場に多ければ多いほど、その職場は不安を喚起させやすい状態に陥っていると。ここに、チームに対する上手な媚び方のヒントが隠れています。それ

は、相手が安心するような対応をするということです。これは、さほど難しいことではありません。**こんなふうに対応されると、自分だったら安心するだろうと思えるかかわり方をする**のです。

たとえば、挨拶という行為で考えてみましょう。出勤したときに、挨拶もしない。しても不愛想な顔だと、安心できるという雰囲気とは程遠いでしょう。気持ちよく挨拶することができると、相手もこちらに気持ちよい挨拶を返したくなります。相手に安心を届けると、相手はこちらにも安心を届けたくなる。これを、**好意の返報性**といいます。

好意の返報性とは、好意を受け取った人は相手にお返しをしたくなるという人間の性質のことです。つまり、安心するような対応を届けることで、お互いが安心できるような関係性が深まりやすくなるのです。このように、**相手が安心するようなふるまい方を、チームに向けてみる**。これが、上手に媚びるためのマイナーチャレンジです。

とはいえ、あくまでもマイナーチャレンジですので、いつもそうする必要はありません。たまには、これまで媚びたことのない人にかかわる際に、安心するような対応をしてみてください。そうしたマイナーチャレンジを多くのスタッフが共有することで、安心するような対応が全方位に広がっていきます。そうして、職場の安心感が全体的に底上げされ、職場の安心感をみんなで育てれば育てるほど、特定の誰かに媚びる必要がなくなります。そうなると、チームに対して上手に媚びるという習慣が職場になじみそうですね。

✚ マイナーな補足

悪い報告やよいアイデアを
上司に挙げるとどうなるか

　今回のケースでは、対人援助の職場で生じる「媚びる」という行為が、ミスなどの不安を解消する役割があるかもしれない、という

話をしました。とはいえ、支援者も人間ですので、どんなに注意を払ってもミスが起きてしまうこともあります。そうしたとき、あなたはちゃんと上司に報告することができますか？

　海外では、病院で働く優秀なチームとそうではないチームで、いったいどちらにミスが多かったかという調査をしたそうです。みなさんは、両チームのうち、どちらにミスが多かったと予想しますか。優秀ではないチームのほうではないでしょうか。私も、そう思いました。ところが、ふたを開けてみると、優秀なチームのほうがミスが多かったというのです。どうしてこのようなことが起きたのでしょう。

　その理由は、優秀なチームは優秀でないチームと比べて、ミスを報告する数が多かったからなのだそうです。つまり、優秀なチームは、風通しがよく、自分のしたミスも含めてなんでも気軽に話せる文化が育っていたというのが、両チームのミスの報告数の違いとして現れたのでした。

　この研究で私が興味をもったのは、優秀でないチームは、なぜミスを上司に報告しづらかったのか、ということです。第2章の3（p.49）では、当初ミスを報告していたアカリさんは、そのうち上司にミスを報告しなくなりました。その理由は、ミスを報告すると、直後に上司から厳しく注意されていたからでした。行動の直後に嫌な結果が伴うと、その行動は次から起こりにくくなります。つまり、先ほどの優秀でないチームは、ミスなどの悪い報告をするとネガティブな結果を招いていたと想像できます。

　そう考えると、上司に報告したときにどう扱われるかが、職場の居心地のよさを決める重要な要因になりそうです。上手な媚び方は、相手が安心するような対応をすることでした。そうした意味で、上司もチームに媚びることが大切になりそうですね。

　上司の対応は、悪い報告ばかりではなく、部下からのよいアイデアについてもいえます。先日、ある学校の先生からこんな話を聞きました。「昔は、校長が『なにかあったら自分が責任をとるから、よいと思うことをどんどんやればいい』と言ってくれた。でも今

は、『そんなことして、なにかあったら責任をとれるのか』と言われる。なので、教師も新しいことにチャレンジするのが及び腰になる」と。もちろん、すべての学校がこの先生の言うような雰囲気ではないと思います。でも、こんな雰囲気があらゆる職場に広がってしまうと、スタッフのモチベーションはだだ下がりになり、職場から活気は失われてしまいますね。

悪い報告をしても、よいアイデアを挙げても、ネガティブな結果が伴う。どちらにも共通しているのは、「余計なことはするな」という上司の態度です。とはいえ、昨今のようにミスはおろか、事がうまく回らないような事態でも激しく叩かれる時世だと、上の立場にいる人がそうなってしまうのもうなずけます。立場の違いを超えて、不安をたくさん抱えて働いている人は、少なくないのかもしれません。

職場のスタッフの多くが、こんなふうに不安を抱えたまま働くとどうなるのでしょう。不安は、視野狭窄を強めるため、情報を適切に処理し、物事を柔軟に考えたり、問題を解決したりする力を削ぎ落としてしまいます。そうすると、ますますよい仕事ができなくなってしまいます。

どのような立場からもチームに対して媚び、相手が安心するような対応を行うことによって職場に安心感を育む。こうしたマイナーチャレンジは、職場の居心地をよくするだけでなく、対人援助をよりよいものとするスタッフのパフォーマンスも高めてくれそうです。

第3章

上手に「ポジティブな対応」をするマイナーチェンジ

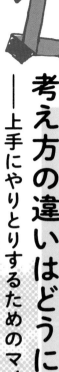

1 考え方の違いはどうにもならないの？

——上手にやりとりするためのマイナーチェンジ

　私は、特別養護老人ホームで介護支援専門員（ケアマネジャー）をしています。施設内で働く他職種と連携しながら、ケアマネジメントを行っています。できるだけ利用者に満足してもらえる介護サービスを提供したくて、施設でできそうなケアプランを考えようと思っています。そのためには、さまざまなスタッフと十分なコミュニケーションをとらなければなりません。でも、施設内のスタッフとうまくやりとりができないのです。

　特に難しいのが、ケアの方向性の違いによって、介護職員と意見が合わないときです。私が立てたケアプランが、介護職員にとって負担になりすぎるから変更してほしいというのです。相手によっては強く主張して自分の意見を押し通せることもあるのですが、お局様的立場の介護職員には言いたいことが言えず、向こうの主張を丸のみしてケアプランを作成し直すといったこともしばしばです。職場には、私しかケアマネジャーがいないので、誰にも相談できず悶々としています。

☑ 相手との力関係を内面化している

　シゲルさんは、ケアの方向性がスタッフとの間で異なることによって、コミュニケーションの困難が生じているようですね。シゲルさんのコミュニケーションの悩みの背景に、スタッフとの考え方の違いがあるようです。とはいえ、コミュニケーションの悩みがスタッフ間の考え方の違いだけに由来するのであれば、コミュニケーションのパターンが揺れることはあまりないでしょう。考え方の違いに基づく「自分はこう思う」という主張のぶつかり合いが、お互いに起こりやすいと思うのです。

　ところが、シゲルさんは、相手によっては強く主張することもあれば、言いたいことが言えず我慢してしまうこともありました。こんなふうに相手によってコミュニケーションが歪んでしまうのは、考え方の違い以外に、ある理由があります。

　私たちの自己主張の仕方には、3つのパターンがあります。このうち、シゲルさんに見られたのは、「押しすぎ」と「引きすぎ」です。**「押しすぎ」とは、相手の言い分は横に置いて、自分の言い分を押し通そうとするパターン**です。**「引きすぎ」とは、言いたいことを我慢したり、曖昧な言葉で伝えたりするパターン**です。

　私たちの主張の仕方が、押しすぎになったり引きすぎになったりする一番の理由。それは、**相手との力関係をむやみに内面化してしまう**ことです。相手と自分のどちらが上かを判断し、そこから導き出した力関係が主張の仕方を歪めてしまうのです。力関係を内面化する機会は、職場のいたるところでみられます。新人よりも元からいる人が上。一般職よりも管理職が上。非正規よりも正規が上。こんな感じで、職場における単なる立場の違いに、人間として力の差があるかのような勘違いをしてしまい、その力関係に基づい

て相手よりも自分の力が上だと判断すると、押しすぎになりやすいのです。反対に、相手よりも自分の力が下だと判断すると、空気を読んだり相手の顔色をうかがったりして、引きすぎになりやすくなります。相手に応じてシゲルさんのコミュニケーションが歪んでしまったのは、こうした理由によるのかもしれません。

とはいえ、職場のケアマネジャーは一人だけで、相談相手がいなかったシゲルさんにとって、施設で仕事を回していくのは大変なことだったでしょう。相手に応じてコミュニケーションを変えるのは、シゲルさんなりの凌ぎ方だったのかもしれません。しかし、そうしたやりとりを続けていると、誰かに相談するような関係性をスタッフとの間で築きにくくなるという悪循環に陥ってしまいます。

☑やりとりを十分に 機能させていない

そもそも、人と人との力関係を「どっちが上か」で計ろうとするから、おかしなことになるのです。そうはいっても、こんなふうに思う人もいるでしょう。「力関係は実際にあるでしょ。たとえば、一般職より管理職のほうが間違いなく力が上ですよね」と。たしかに、そうした上下関係はあります。しかし、**上下関係をつくり出**

す社会的立場は、本来職場がスムーズに回るための記号にすぎません。その人の社会的立場と、その人の人間としての価値が相関するなんてことはありえないのです。

「声の大きい人の意見が通る」とか「言ったもん勝ち」といった言葉を、あちらこちらで聞きます。押しすぎにメリットがあるということを、一定の人々が信憑（しんぴょう）していることがうかがえます。でも、それは大きな誤解です。押しすぎで言うことに、メリットはほとんどありません。なぜなら、押しすぎは周りとの関係をギクシャクさせ、孤立を招いてしまうからです。それに、押しすぎは、それを向けられた相手の力を奪ってしまいます。「強く言われてやる気が出た！」ということは考えにくいですね。そう考えると、職場で押しすぎを多用することは、組織のパフォーマンスを下げるので、結局自分まで割を食うことになってしまうのです。

これからお伝えするマイナーチェンジとマイナーチャレンジは、上手にやりとりするためのものです。やりとりとは、言葉が示すとおり、こちらの主張を相手に「やる（伝える）」ことと、「とる（受け取る）」ことから成り立ちます。そこで、マイナーチェンジでは「やる」ほうに、マイナーチャレンジでは「とる」ほうに重点をおいて述べていきます。

考え方の違いによるコミュニケーションの問題を解決する一番の方法は、お互いの「やりとり」を十分に機能させる以外にありません。というのも、私たちは他人の考えを変えることはできないからです。どちらかが論破されるという一方的なやりとりではなく、お互いに折り合えるようなやりとりを行う。そのためには、**相手が受け取りやすいように主張を伝え、相手の主張をまずは否定せず受け取る**、といったやりとりが求められます。そして、そのようなやりとりは、お互いを大切にしたコミュニケーションとなるので、力関係を内面化したやりとりから抜け出すこともできるのです。

① アサーションの習得

　押しすぎや引きすぎは、特定の人の特性を表すわけではありません。誰もがこうしたコミュニケーションに陥ります。たとえば、職場で起こるさまざまなハラスメント（嫌がらせ）を職場のみんなで克服することは、大事なチャレンジだと思います。しかし、「あの人はパワハラ体質だ」のように、ハラスメントを個人の性格と理解していても、職場からハラスメントをなくすことはできません。コミュニケーションが歪むのは、力関係を内面化することに由来するわけですから、こうしたことを私たちが行っている以上、誰もが場合によっては加害者の立場になり得ます。

　つまり、**自分もそうなる弱さを抱えていると理解したうえで、では、自分は相手とやりとりするときに、どのような態度で臨めばよいかを考える**ことが大切になります。そのように自分の課題として考えない限り、ハラスメントの問題を克服することは難しいでしょう。

　では、どのような主張の仕方が望ましいのでしょう。先ほど、自己主張の仕方には3つのパターンがあると伝えました。押しすぎは、自分ばかり大切にして相手を大切にしていません。引きすぎは、相手を大切にしすぎて自分を大切にできていません。

　残り1つのパターンとは、**アサーション**です。これは、**自分も相手も大切にしながら、言いたいことをしっかりと相手に伝える**というパターンです。言いたいことが相手に伝わりやすく、お互いを大切にするので周囲との関係も良好になります。自己主張は、対立や混乱を生み出すと思う人もいるかもしれません。ですが、自他尊重に基づいた自己主張は、対立ではなく理解を生み出します。混乱

ではなく、調和をもたらします。適切な自己主張は相互理解を促すので、アサーションを職場のスタッフが習得すると、職場の居心地はもっとよくなります。

② アサーションを習得するための マイナーチェンジ

　アサーションを習得するために、ここでは3つのマイナーチェンジのポイントをお伝えします。

1　伝える前に一息つく

　押しすぎや引きすぎになってしまうとき、私たちは視野が狭くなり、冷静さを失いがちです。そうした状態が、うかつに力関係を内面化させ、コミュニケーションを歪めてしまうのです。なので、相手に伝える前にゆっくりと深呼吸して冷静さを取り戻しましょう。

2　「わたし」を主語にする

　「あなた」を主語にすると、相手の持ち場に踏みこんでしまうことになり、場合によっては相手を不快にさせます。たとえば、「あなたって薄情だよね」と言われた場合を想像してみてください。こっちにも事情があるのに、そんなふうに決めつけないでよ、と思いませんか。

　そうなんです。「あなた」を主語にすると、決めつけになるので、"押しすぎ"な言い方となってしまいます。「私は、あのとき一人で介助をすることが心細かったんだ」のように「わたし」を主語にすることで、自分の持ち場について語ることになります。そうすると、相手は、こちらの主張を受け取りやすくなります。

3 謝意を伝える

　何かをするのが当たり前という職場と、何かをしてもらったことに感謝の気持ちを伝える職場。どちらの職場の居心地がよいかは明白です。主張してみて思いどおりにならなかったとしても、相手がこちらの言い分を聞いてくれたなら、「話を聞いてくれてありがとう」です。

　一方で、自分の気持ちを伝えることは、とても勇気のいることです。なので、相手が言い分を伝えてくれたなら、「話してくれてありがとう」です。「ありがとう」と言われて悪い気がする人はいないと思います。**謝意は、自他尊重の心の状態に、私たちを無理なくいざなってくれる**のです。

　1.伝える前に一息ついて、冷静さを取り戻す。2.「わたし」を主語にすることで、相手の持ち場に踏みこみすぎず、自分の思いをしっかりと伝える。3.謝意を伝え合うことで、互いを尊重する。これら3つのマイナーチェンジを押さえると、どちらが上かという力関係を内面化することなく、自分も相手も大切にしながら言いたいことをしっかりと相手に伝えることができるのがおわかりいただけたと思います。

もっと上手にやりとりするための
マイナー チャレンジ

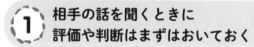

① 相手の話を聞くときに
評価や判断はまずはおいておく

　今度は、受け取るほうについて考えてみましょう。力関係を内面化するとコミュニケーションが歪むと述べました。こちらが上だと判断してしまうと、相手の言い分をじっくり聞くという態度が損なわれることもあります。こちらの言い分をアサーティブに伝え、相手の言い分をじっくりと聞くことによって、力関係を内面化したコ

ミュニケーションから脱することができるのです。

　相手の言い分をじっくり聞くには、まずは**相手の話をさえぎらず、否定せずに聞く**姿勢が求められます。とはいえ、この「話をさえぎらず、否定せずに聞く」という聞き方がなかなかに難しいのです。

　相手の話を聞いている最中、話をさえぎって否定的な言葉を差し挟んでしまう。その理由の1つは、自分と相手の「考え方の違い」にあります。シゲルさんの主張からも、そのことが見てとれます。考え方の違いそれ自体は、ただの違いにすぎません。にもかかわらず、相手の言い分をじっくり聞くことを難しくしてしまうのはなぜでしょう。

　それは、**相手の言い分をすぐに評価したり判断したりしながら聞いてしまう**からです。たとえば、話を聞いている際に「それは違うよ」とか「回りくどいなぁ」と評価や判断をしてしまうと、話を否定したり、さえぎったりしてしまいます。

　ここから見えてくる上手な聞き方こそ、上手にやりとりするためのマイナーチェンジになります。それは、**相手の話を聞くときに評価や判断はまずはおいておく**ということです。とはいえ、ふだん私たちは知らず知らずのうちに、評価や判断を差し挟みながら相手の話を聞くことが多いので、いきなりこうした聞き方は難しいかもしれません。相手の語りから気持ちが逸れ、評価や判断をしていることもあると思います。ましてや、忙しいときに相手の話が回りくどいと、じっくり聞くというのは難しいでしょう。

　そうしたときは、「今時間がないので、よければ今日の夕方に聞かせてもらってもいいですか」や、「これから会議なので、手短に要件を聞いてもいいですか」のように、自分の持ち場で必要なことを相手に伝えるようにすればよいのです。

マインドフルネスな聞き方をする

　相手の話を聞くうえで大事なことは、**評価や判断をしてしまう心の働きにそのつど気づく**ことです。気づくことができれば、そこから降りることができます。相手の話を聞いていて、評価や判断をしたことに気づくための簡単な方法があります。それは、相手が言っていないことが頭に浮かんだかどうかです。相手が言ってもいないことが頭に浮かんだとしたら、それはこちらが評価したり判断したりしている証拠です。**相手の話から気持ちが逸れ、評価したり判断したりしているのに気づいたら、ゆっくりと相手の話に注意を戻しましょう。**

　ちなみに、こうした聞き方は「**マインドフルネス**」を援用しています。マインドフルネスとは、「今ここでの体験を、評価や判断を交えることなく、関心をもって注意を向けること」と定義されます。平たくいうと、「**今を存分に味わう力**」のようなものです。

　マインドフルネスな聞き方をすると、さえぎったり否定したりせずに相手の話を聞くことができます。そうしたことを繰り返すこと

によって、考え方の違いにとらわれず相手の言い分をありのまま聞く力が育ちます。こうした聞き方は、身近な人との日常会話で試してみることができます。やってみると、ふだんいかに私たちが相手の言い分から離れ、いろいろな評価を差し挟みながら話を聞いているかが理解できると思います。

怒っていないのに怒っていると誤解される

やりとりをするときに、こちらは怒ったり責めたりしていないのに、相手にそう受け取られることがあります。こちらはそんなつもりがないのに、意図せずそう思われてしまうと、上手なやりとりができない以前に、そもそも不本意ですね。ここでは、そう思われてしまう理由と、それに対する簡単な対処法について述べてみます。

1. 表情

まず、表情です。緊張しているときの表情は、相手には怒った表情に見られがちです。つまり、怒った表情に見えるとき、相手は怒っているのではなく、ただ緊張していたということは意外と多いのです。緊張しているときに、柔らかい表情をつくり出すのは難しいと思います。こうしたときは、緊張自体を緩めることが効果的です。心が緊張しているとき、身体も緊張しています。怒った表情というのは、顔の筋肉が緊張しているからそう見えるのですね。

したがって、からだの緊張を緩めることができれば、心の緊張もほぐれ、表情は幾分柔らかくなります。両肩をゆっくりと上にあげ、あがりきったところでストンとおろすという動作を2、3回繰り返してみましょう。そうすると、余分な緊張を緩めることができます。

ちなみに、なぜ肩の緊張を緩めるのがよいかというと、心の緊張がからだの緊張となって真っ先に表れやすいのが、肩だからです。「肩を怒らす」とか「肩の荷を下ろす」という表現があるのは、そ

のことに私たちの先達が気づいていたからです。肩は、自分で緊張をコントロールしやすい部位でもあるので、心の緊張を緩めたいときは肩の緊張を緩めるのが効果的なのです。

2. 口調

　次は口調です。そのときの感情が、私たちの口調に影響を与えます。たとえば、不安や緊張、怒りを感じているときは、早口になります。相手から早口で言われたときのことを想像してみてください。一方的にたたみかけられるような印象をもちませんか。こうした口調が、相手に「怒られている」とか「責められている」と思わせてしまうのです。

　なので、相手に伝えるときは心持ちゆっくりとした口調で伝えるようにしてください。そうすることで、相手は余裕をもってこちらの言い分を聞くことができ、言いたいことを相手に理解してもらいやすくなります。感情が口調に影響を与えるということは、その逆もあり得ます。つまり、口調が感情に影響を与えるのです。早口からゆっくりとした口調に変えてみることで、そのとき感じていた不安や緊張、怒りは徐々に弱まっていきます。そうすると、お互い穏やかにやりとりがしやすくなりますね。

3. 尋ね方

　最後は、尋ね方です。私たちが相手に理由を尋ねるとき、「どうして」とか「なぜ」という言い回しを最初に使います。実は、こうした尋ね方は相手に責められているような印象を与えてしまうので

す。たとえば、新人にとある行動をした理由を尋ねてみる場合で考えてみましょう。

　「どうしてあのようなことをしたの？」

　こう尋ねられると、なんだか責められているような気持ちになりませんか。この「どうして」を最後にもってくるとどうなるでしょう。

　「あのようなことをしたのはどうして？」

　先ほどの尋ね方と比べて、責められている感じがやわらいだと思います。相手に理由を尋ねるときは、「どうして」や「なぜ」は後回しにするようにしてみてください。

　以上が、こちらは怒ったり責めたりしていないのに、相手にそう受け取られる理由とその対処法です。とはいえ、知らず知らずのうちに怒りや責めたい気持ちにとらわれてしまっているときもありますから、そのつど自分の気持ちに気づくことが大切です。マイナーチャレンジでも述べたように、不都合なものから降りるには、まずはその不都合な状態にたった今、陥っていることに気づく必要があります。そうしたときこそ、マインドフルネスが役に立ちます。評価や判断はまずはおいて、今ここで起こっている自分の気持ちに、優しく注意を向けてみてください。

第3章

上手に「ポジティブな対応」をする
マイナーチェンジ

2 新人の指導は自分には無理
──上手に指導するためのマイナーチェンジ

ヒロミさんの主張

　私は、保育園で主任保育士をしています。新人のイクヨさんの指導について悩んでいます。イクヨさんには、よい保育士として育ってもらいたくて、保育の知識や技術をしっかりと伝えるようにしています。ですが、私が伝えたことがうまく理解できていないようなのです。どうしてそれがわかったかというと、私が伝えたことがちゃんとできていなかったからです。私が伝えたことを、しっかり聞いていたにもかかわらずです。

　それだけではありません。イクヨさんの保育の仕方でもっとこうしたほうがよいという改善点を見つけては、それを彼女に伝えています。私もかつて、先輩保育士からそうやって育ててもらったので、同じようにしてみたつもりです。でも、あるとき園長から「イクヨさんへの指導が少し厳しくない？　先日彼女から『ヒロミ先生の指導が厳しすぎる』って相談がありましたよ。最近は、パワハラについて何かと厳しい時代なので、十分に気をつけてくださいね」と注意されてしまいました。彼女のためを思って改善点を伝えていたのに……。新人の指導は主任保育士の役割ですが、すっかり自信をなくしてしまいました。

☑ かつての経験をもとに指導している

　ヒロミさんのように、新人や後輩の指導に困難を感じている対人援助職は、少なくないのではないでしょうか。あなたが新人や後輩の指導を担うことになったとき、きっと「自分はこんなふうに先輩から指導された」というかつての経験を参考にすることもあると思います。

　ところが、ヒロミさんのようにかつて指導してもらったやり方が、新人にまったく通用しないと感じることが多くはないでしょうか。ヒロミさんのような新人の成長を期した指導が、相手からするとパワハラに感じられた。こんな体験をした人もきっと少なくないでしょう。年代が異なると、体験し共有される文化が違ってきます。そのため、先行世代からすると当たり前なことが、新人にはそう感じられなくなります。これは今に始まったことではなく、古代エジプトにおいても、「最近の若い者は……」と嘆く記録が残っていたとされるほど、いつの時代でもみられることのようです。

☑ 指導が「伝わっていない」 「ハードルが高い」

　今回は保育園でのエピソードでしたが、園や施設によっては新人のときから担任を任されることもあり、先輩の働き方が見えない場所で一人で仕事をしなければならないこともあります。こうした状況では、先輩の働き方を直接見て学ぶという指導があまり使えませんので、相手に言葉で伝えることによって指導する機会が増えます。ヒロミさんも、イクヨさんに口頭で指導をしていました。そして、イクヨさんもしっかりと聞いていました。にもかかわらず、イ

クヨさんは指導されたことを活かせていなかった。これには2つの理由が考えられます。

　まず、**ヒロミさんの指導が、イクヨさんに伝わる言葉で行われていない**ということです。こちらは伝えたつもりでも、相手には伝わっていない。こうしたことは、指導だけでなく、日常会話においてもしばしばみられます。そう、「伝える」と「伝わる」は違うのです。

　もう1つの理由は、**指導した内容が、相手にしてみるとハードルが高すぎた**という場合です。「棒を渡すから、棒高跳びのように6メートルの壁を飛び越えてみて」と言われても、そんなこと無理に決まっています。それができずにいるのに、「何をすればよいか、ちゃんと伝えたよね」と詰め寄られてもどうしようもありませんね。イクヨさんがヒロミさんの指導を「厳しすぎる」と感じた理由の1つは、ヒロミさんの指導がイクヨさんにはハードルが高すぎたからかもしれません。

！上手に指導する マイナーチェンジ のポイント

① 「一つひとつ手短に」「具体的に」

　伝えたつもりでも、相手に伝わっていない。そうしたときの伝え方のパターンの多くは、次の2つです。

　1つ目は、「**伝え方が長い**」です。私たちは、自分がよく知っていることについては、つい説明が長くなりがちです。たとえば、カップ麺をどうやって作るかを言葉で説明した場合で考えてみましょう。「フィルムをはがして、ふたを半分まで開けて、お湯を内側の線まで注いで、ふたを閉めて3分待ったらできあがりです」。みなさんは、この説明で十分理解できると思います。ところが、

カップ麺を食べたことはもちろん、見たことすらない外国人だと、この説明を一度聞いて理解することができるでしょうか。「そんなにたくさん覚えられないよ」と思うでしょう。

こんなふうに、指導する内容を指導者がよく知っているほど、長々とした伝え方に陥りやすくなります。そうした指導は、相手にうまく伝わりにくいでしょう。

2つ目は、「**伝え方が抽象的**」です。ヒロミさんは、こう言っていました。「私が伝えたことがちゃんとできていなかった」。この「ちゃんと」の内容は、イクヨさんにどの程度はっきり伝えられていたのでしょう。もしも、「もっとちゃんとやってくださいね」のような指導の仕方であれば、何をどの程度やればいいのかわかりません。指導者が、「あれやっといて」と伝えた場合の「あれ」とは、指導者の頭の中では具体的に思い浮かんでいます。しかし、それを聞いた相手に「あれ」が何かはわかるはずもありません。

それでは、相手に伝わる言葉で指導するにはどうすればよいでしょう。それが、上手に指導するためのマイナーチェンジのポイントとなります。それは、**指導する内容を、「一つひとつ手短に」「具体的に」伝える**ということです。

- ●「一つひとつ手短に」

  先ほどのカップ麺だと、「まずフィルムをはがしてください」「それから、ふたを半分まで開けます」のような説明です。説明が長くなりやすい人は手短に伝えてみましょう。
- ●「具体的に」

  「外遊びをさせるときは、注意してください」を、「子どもたちが脱水しないように、外遊びの後は水分をとらせてください」のように伝えることです。抽象的に伝えてしまっている人は具体的に伝えるようにしましょう。

② 小さなステップにわけて指導する

　指導したことが活かされないもう1つの理由は、指導した内容の
ハードルが高すぎる場合でした。棒高跳びのように6メートルの壁
を一気に飛び越えるのは難しい。でも、「階段や緩やかなスロープ
を設けているので、それを使って6メートルの壁を越えてくださ
い」だと、「それならできる」と思えるでしょう。こんなふうに、ハー
ドルの高い内容を小さなステップにわけることを、**スモール・ス
テップ**といいます。**指導しようとする内容が、相手にはハードル
が高いかもしれないと思ったら、それを小さなステップにわけて
指導する**。これが上手に指導するためのもう1つのマイナーチェン
ジです。

　できるようになってほしいことがゴールだとして、そこにたどり
着くために、最初のステップとして何を指導したらよいかを具体的
に考えてみてください。そのステップが程よいステップかどうか
を、相手に尋ねてみてもよいですね。

1 改善点は2段階で伝える

　ヒロミさんは、イクヨさんの保育士としての成長を願って、改善点をしっかりと指導していました。ところが、イクヨさんはヒロミさんのこうした指導のあり方が厳しすぎると感じていました。これは、ヒロミさんの指導内容のハードルが高かったこと以外に、改善点の伝え方にもその理由があったように思います。

　私たちが、相手に改善点を伝えるときは、「もっとこうしたほうがよい」と思うときです。それを伝えようとすると、どうしても頭ごなしに相手のよくなかった点を伝えてしまいます。つまり、「それではダメ。こうするようにして」のような伝え方です。

　相手のしたことの否定からはじまりますので、指導された相手には、自分が否定されたと感じたり、自信を損ねたりする体験となります。相手の成長を期して伝えたことなのに、これでは逆効果ですね。

　相手に改善点を伝えたいとき、どうすればよいのでしょう。上手に指導するためのマイナーチャレンジ、それは**改善点は2段階で伝える**ということです。

- 1段階⇒まず、改善してほしいことに関して、相手が少しでもできていること、よい点を見つけます。
- 2段階⇒それらの点を相手に伝えたタイミングで、「こうすると、もっとよくなるよ」と改善点を伝えます。

第3章 上手に「ポジティブな対応」をする　マイナーチェンジ

首にかける工作なんて、子ども
の首がしまったら大変でしょ！
もっと安全な工作を作るように
心がけてください

毎回、子どもたちがワク
ワクするようなアイデア
を出していますね！

けがをしないような工作
という視点を加えると、
もっとよくなると思うよ

ハイ！

　そうすると、相手は頭ごなしに否定されたと感じにくいですし、自分のよい点を認めてもらえたので、「言われたことにチャレンジしてみよう！」とモチベーションが高まります。これで、指導する側にもされる側にも、チャレンジの連鎖が生まれますね。もちろん、毎回こうしたことができなくても構わないんです。これまでの指導の仕方から、たまにはこうした指導も取り入れてみるなどして、あなたの指導のあり方に幅をもたせるようにしてみてください。

✚ マイナーな補足

指導を真に機能させるために必要なこと

　第2章の6（p.78）では、行動の2つの動機について述べました。行動の動機は、「好きなことに向かうため」と「嫌なことを避けるため」に分類できます。先輩の指導を新人が実践するときも、その行動はいずれかの動機によって駆動することになります。どちらの

動機で行ったとしても、指導に沿った行動であればよしと考えても
いいのでしょうか。

　それぞれの動機から指導に沿った行動をとるとどうなるか、具体
的にみてみましょう。まず、指導に沿った行動が、新人にとって嫌
なことを避けるために行われるとすれば、嫌なこととは何でしょ
う。それはきっと、指導者から叱られる、悪く評価されることでは
ないでしょうか。

　つまり、指導者から叱られたり悪く評価されたりしたくないか
ら、指導に沿った行動をする。これが、嫌なことを避けるためとい
う動機から生じる指導に沿った行動です。

　一方、指導に沿った行動が好きなことに向かうという動機から行
われる場合、好きなこととは何でしょう。それは、「支援者として
の自分の成長に資する」ということではないでしょうか。成長する
ことが「嫌なこと」に分類される人はきっといないと思います。

　では、成長してもっとよい支援者になりたいのはなぜなのでしょ
うか。どのような支援者であったとしても、その組織で雇用され続
けている限り、もらえる給料は同じです。だとすれば、もっとよい
支援者になりたいという動機は、お金のためではなさそうです。そ
の真の動機は、支援が必要な利用者や患者のために、よりよい支援
を届けたいということだと思うのです。相手のためによりよい支援
がしたいから、指導に沿った行動をする。これが、好きなことに向
かうという動機から生じる指導に沿った行動です。

　あなたは、相手にどちらの動機から自分の指導を受け取ってほし
いでしょうか。もし、嫌なことを避けるため、つまり「私を怒らせ
ないためにそうしてほしい」と少しでも思ったとしたら、あなたは
かなり疲れているのかもしれません。

　対人援助は、本来支援が必要な利用者や患者のためになされるこ
とです。なのに、指導する側は「私を怒らせないでほしい」、指導
される側は「指導者に悪く思われたくない」と思ったとすると、結
局どちらも「自分のため」に指導にまつわる行為が行われることに
なります。そこに、利用者のためという対人援助の前提が据えられ

る余地はありません。

「私を怒らせないでほしいから、指導に沿ってほしい」と思った人は、どうか自分を労わってあげてください。利用者に気持ちを向ける余裕がないほど、がんばりすぎて疲れ切っているのかもしれません。力が自分だけでなく、利用者にも向けられるよう、しっかりと自分を充電しましょう。

指導される側が、「好きなことに向かうという動機から指導者の指導に沿って行動する」には、指導された内容をその人自身が「これは自分が支援者として成長するための大切な課題だ」と思えなくてはなりません。そのためには、指導される側が、「指導者は、私の成長のためにこの指導を届けてくれている」と思えることが必要になります。

その指導が真に機能するためには、指導する人とされる人との信頼関係が求められます。私たちがよりよい支援を行うためには利用者や患者との信頼関係が必要不可欠ですが、実は、それは指導を介してかかわる支援者同士にも欠かせないことなのです。

3 がんばりすぎてしまう自分を止められない

——上手にがんばるためのマイナーチェンジ

　私は、医療機関で理学療法士として働いています。私は、いわゆる「がんばりすぎるタイプ」だと思います。リハビリテーション担当のスタッフは職場にたくさんいますが、一人でも多くの患者を担当しようとできるだけ引き受けるようにしています。あまり周りに頼らず、毎日遅い時間まで勤務しています。職能団体の役員も引き受けて、休日であっても積極的に活動してきました。

　ですが、このたびうつ病を患ってしまい、しばらく休職することになりました。まさか自分がうつ病になるなんて思いませんでした。「俺は、実は弱かったんだ。俺は自分に負けてしまった」との思いが強くあります。

　主治医からは、「がんばりすぎてはいけない」と言われます。でも、がんばれないのなら、職場にいる意味がありません。がんばらない自分は、役立たずの無能な存在に思えてしまいます。

ボタンのかけ違いはココ！

☑ 自分に潜む二項対立

　今回のテーマは、「がんばりすぎる」です。がんばれない人がどうやって上手にがんばるかではなく、がんばりすぎてしまう人がどうやって上手にがんばるかという話です。なぜ、がんばりすぎる人を扱うかというと、支援者のなかにはトシタカさんのようにがんばりすぎてしまった結果、燃え尽きてしまう人が少なくないからです。

　今回の理学療法士のように、一人で患者や利用者に向き合い、他のスタッフの働き方を直接見ることが少ない職種に、がんばりすぎてしまうという働き方がしばしば見受けられます。他の同僚の働き方を直接見られないために、それを基準として自分の今の働き方の程度を自己評価しにくいからです。

　「がんばりすぎる」という営みには、二項対立が潜んでいます。**二項対立とは、相反する2つの概念を立て、その両極のどちらかしか反応の選択がない認知的構えのこと**です。物事を「AかBか」という2択で理解しようとする捉え方のことですね。

　がんばりすぎるのように、何かに極端に向き合おうとすると、私たちの捉え方は二項対立に陥ります。がんばり屋さんのなかには、完璧主義の人も少なくありませんが、完璧主義も「完璧にできたか否か」という二項対立を前提としています。この**二項対立の落とし穴は、捉え方が極端になってしまうこと**です。

☑ 極端な捉え方が自分を追いつめる

　トシタカさんは、「がんばれないのなら、職場にいる意味がない」と思っていました。これって、かなり極端です。これを極端だと思

わなかった人は、二項対立で物事を見ているからそう思うのかもしれません。これのどこが極端かというと、「100点以外（がんばれない）はみんな0点（職場にいる意味がない）」としているところです。物事を0か100かで考える。そこに二項対立が潜んでいるのです。

　トシタカさんの捉え方が二項対立に陥っていたのは、それ以外の様子からも見てとれます。たとえば、うつ病になった自分を「弱い」「負け」と評価するのも、「強いか弱いか」「勝ちか負けか」という二項対立に基づいています。

　だとすると、トシタカさんがうつ病に陥った理由の1つは、「がんばりすぎてしまった」ことに伏流する二項対立にあると考えることができます。がんばれたか、がんばれていないかという基準で自分の働き方をふり返ると、トシタカさんのように一人で多くの患者を抱えようとしたり、周りに頼ろうとしなくなったりするのかもしれません。

　「がんばらない自分が、役立たずの無能な存在に思えてしまう」と考えてしまったトシタカさんにとって、手を抜くとか充電するといった行為は、する必要のないこと、やってはいけないことだったのではないでしょうか。

　そうしたあり様がトシタカさんを追いつめた。その理由を、「輪

ゴム」を通して考えてみましょう。輪ゴムは物を束ねる道具です。とはいえ、いつも何かを束ね続けていれば、輪ゴムはどうなってしまうか。ピンと伸びきった状態が続くことで劣化が進み、そのうちプチンと切れてしまうでしょう。これって、トシタカさんの話と重なりませんか。がんばれたか否か、強いか弱いか、勝ちか負けかという二項対立に沿って働き続けると、輪ゴムのように常に物を束ねるような働き方になってしまいます。弱いからうつ病になったのでも、うつ病になったから負けたのでもない。誰であったとしても、こうした状態では燃え尽きてうつ病になっても不思議ではないのです。

！ 上手にがんばる マイナーチェンジ のポイント

１ がんばれる力を長持ちさせる働き方にする

　がんばりすぎてしまうことは、常に100点（完璧）を目指そうとする態度と隣り合わせですので、トシタカさんのように全力で駆け抜けるといった働き方になりがちです。そうなると、「がんばりすぎてはいけない」という主治医の忠告も、あながち間違っていないように思えるかもしれません。だとしたら、「がんばる」という営みがポジティブな対応に含まれていることに、あなたは疑問を抱きはしないでしょうか。「がんばりすぎるから燃え尽きる。ならば、がんばるというのはネガティブな対応になるのではないか」と。

　私は、トシタカさんの「がんばれる力」は、彼のもつ美徳だと思います。彼のそうした態度によって、支えられた同僚や救われた患者は少なくないでしょう。ましてや、職能団体にまで役員として力を届けようとしています。自分のもっている力を自分のためだけではなく、周りのために使おうとした結果の「がんばる」というあり

方こそ、トシタカさんのもっている力の1つだと、私には思えるのです。

　トシタカさんのような人に対して、「がんばりすぎてはいけない」と伝えるのは2つの理由でよくありません。

　1つは、**そのような忠告は「がんばりすぎるか、がんばりすぎないか」という二項対立**を前提とすることになるからです。がんばりすぎるという態度に伏流する二項対立が、人を追いつめる。なのに、がんばりすぎる人に、「がんばりすぎてはいけない」という忠告は、「その調子で世界を二項対立で眺めよ」と暗黙のうちに伝えているのと同じことになります。

　なぜなら、この忠告は「がんばりすぎる態度からがんばりすぎない態度に改めましょう」という意味を含んでおり、「がんばりすぎるか、がんばりすぎないか」という二項対立のメッセージを届けることになるからです。したがって、こうした忠告はがんばりすぎてしまう相手に益することはほとんどありません。

　もう1つの理由は、**「がんばりすぎるな」というメッセージは、その人のもつ美徳である「がんばれる力」を否定する**ことになるからです。誰だって、自分のよいところを否定されると、いい気分になりませんね。がんばりすぎる人に対して「がんばりすぎるな」というメッセージが効かない理由は、こうしたことに由来しています。

　けれども、がんばりすぎるという働き方を絶え間なく続けることは、不可能です。どこかで必ず息切れしてしまいます。がんばりたいのであれば、がんばるのをやめる必要はありません。**がんばりすぎることができるという力を長持ちさせるために、「上手にがんばる」ことができればよい**のです。

輪ゴムを長持ちさせるための工夫を実践

　ここでもう一度、輪ゴムの例をもち出しましょう。輪ゴムは物を束ねる道具です。輪ゴムが物を束ねるということと、「対人援助職としてがんばる」ということは、それ自体のもつ機能を発揮するという意味で同じことです。だとすれば、上手にがんばるマイナーチェンジは、**輪ゴムを長持ちさせるための工夫を実践**してみるということになります。輪ゴムの実践と同じはずがないと思うかもしれませんね。実は、**輪ゴムを長持ちさせるための営みと、私たちが健やかに暮らすための営みは、かなりリンクする**のです。

　輪ゴムを長持ちさせるためのアイデアを、思いつく限り挙げてみてください。たくさん挙げられたら、それを一つひとつよく眺めてください。いかがでしょう。私たちが健やかに暮らすために必要なエッセンスがつまっていませんか。

- 無理に引っ張りすぎない
- たまには束ねている物から外して休ませる
- （1本だと負荷がかかって切れやすいので）2、3本まとめて束ねる
- 日光に当てすぎない、寒い所に置きすぎない
- 乾燥させず、たまには潤いを与える

　どれも、私たち人間にとって、大切な営みばかりです。輪ゴムを長持ちさせる営みと、私たちが健やかに暮らすための営みは、相関が高い。そう考えると、なんだか輪ゴムが愛おしくなりますね。

　このなかでも特に、上手にがんばるために大切なのは、「たまには束ねている物から外して休ませる」ことです。これを、自分の働

き方に置き換えると、何をすればよいでしょう。休憩中は仕事から離れる。休日は仕事と無関係なことをして充電する。そうやって、**たまには仕事から距離をとって休む**というのが、上手にがんばることにつながります。

もっと上手にがんばるための
マイナーチェンジ

1 二項対立から降りる

　とはいえ、がんばりすぎてしまう人にとって、そのようなマイナーチェンジは「対人援助職としてがんばっていないのではないか」と思えるかもしれません。そうなると、上手にがんばるどころか、従来のがんばりすぎてしまうという働き方に逆戻りしてしまうでしょう。

　そうなったときに考えてみてほしいのです。休憩中は仕事から離れる。休日は仕事と無関係なことをして充電する。こうしたことは、「対人援助職としてがんばらない」といえるのだろうかと。輪ゴムを長持ちさせるために、たまには束ねているものから取り外して、本来の形に戻して休ませることが理に適っていました。二度と物を束ねないというわけではなく、本来の働きが引き続きしっかりとできるように、そうするわけです。それと同じで、たまには仕事から距離をとって休むというのは、「対人援助職としてがんばらない」ということになりはしません。

　さて、こうしたことを通して、がんばりすぎる人は何にチャレンジすることになるでしょう。それは、**二項対立から降りる**ということです。二項対立に陥ってしまうことが、がんばりすぎてしまう人を余計に追いつめてしまう。かといって、二項対立を心から追い出すこともできませんし、そうすること自体「二項対立があるかな

いか」という二項対立です。

　二項対立を抱えながら健やかに暮らしていくには、たまにはそれから降りてみるといった、柔軟な暮らし方を育んでみるとよいのです。それが、上手にがんばるためのマイナーチャレンジです。

 二項対立に陥っていることに気づく

　ところで、本書では人と折り合うにはどうすればよいかについて述べています。今回のケースで扱っていることは個人の話なので、人間関係と直接かかわってこないのではないかと思った人もいるでしょう。実は大ありなのです。

　がんばりすぎるという態度に隠れていた二項対立は、何かに極端に向き合おうとすると現れる、とお伝えしました。職場をふり返ってみてください。人間関係の問題は、相手に極端に向き合おうとした結果、生じていることがありはしないでしょうか。つまり、**二項対立で捉えてしまったために、人間関係の問題が起こった**。こうしたことが、職場で多いのではないでしょうか。

　「よいか悪いか」「速いか遅いか」「多いか少ないか」「できるかできないか」「面倒か面倒じゃないか」等々……。そんなふうにAかBかで捉え、自分が望むほうでない相手を「ダメ」と判断してし

まう。**二項対立で他者を見てしまうと、最終的には「ダメかダメじゃないか」という二項対立にたどりついてしまう**のです。

　私たちの営みは、AかBかという2択で捉えられるほど単純ではありません。人のあり様の複雑さを、その人の抱えた事情の個別性を、二項対立によって見落としてしまい、「この人はこうだ」と安易に決めつけてしまう。そうした窮屈な営みから少しでも距離をとることができれば、職場の人と折り合うことができます。そのためには、二項対立に陥っていることに気づいたら、そこからいったん降りるということが求められます。上手にがんばるためのマイナーチャレンジは、人間関係の問題に伏流するテーマも射程に捉えているのです。

　どうやって降りるかは、あなた自身で見つけてみてください。しかし、そのために大切なことは、「**二項対立に陥っていることに気づく**」ということです。気づかないうちに巻き込まれていた二項対立に、その瞬間気づけた。それだけでも、実はとても大きな一歩となります。私は、二項対立に気づくと「決めつけ、決めつけ」とつぶやくようにしています。そうすると、少し距離を置いて相手を眺める余裕が生まれるのです。こんなふうに、二項対立に気づけさえすれば、あなたなりの降り方がきっと見つかります。

✚ マイナーな補足

物を束ねることのできない輪ゴムは無意味なのか

　上手にがんばるためのマイナーチェンジとして、輪ゴムを長持ちさせる工夫の実践を推奨しました。たまには束ねている物から外して休ませるがごとく、仕事から距離をとって休む機会をつくる。そうしたときにどうやって自分を充電させるかといったことも、重要なテーマとなりますね。せっかく仕事から離れても、そのとき何をして充電したらよいか思いつかなければ、また仕事に戻ってしまう

かもしれません。料理のレパートリーが多いと食生活が豊かにな
る。カラオケのレパートリーが多いとより楽しめる。それと同じ
で、充電レパートリーが多いと、自分のことをうまく充電できます。

　ちなみに、充電レパートリーは何歳になっても増やすことができ
ます。増やし方は簡単です。仕事以外のことで何か試してみて、「楽
しい」「ホッとする」「心地よい」のように快を感じることができれ
ば、それを充電レパートリーに加えればよいのです。たくさんお金
をかけたり、一緒に楽しんでくれる仲間がいたりしなくても構いま
せん。書店に行って立ち読みしたり、週末の夕方、海に行って
ボーっとしたり。そんな些細なことをして、快を感じるかどうか試
してみるとよいのです。

　その際、仕事の文脈と異なるものを選ぶと、より充電できると思
います。仕事の文脈と異なるとは、「生産性や効率とは無縁なこと」
「誰かの役に立たないこと」「急がずにゆったりしたこと」など、職
場で求められる価値とは違う体験のことです。

充電中

　ところで、輪ゴムは束ねることができなければ意味がないので
しょうか。輪ゴムを「束ねる」以外で使うとすれば、どのような使
い方があるでしょう。ゴム鉄砲の玉として使う。カラフルな輪ゴム
を並べて飾りにする。手の中で揉んで感触を楽しむ。卵が転がらな
いようにする。本のしおりにする。それ以外にも、いろんな用途が
見つかるのではないでしょうか。輪ゴムは束ねられなくても、いろ

んな使い方ができる。それと同じく、私たちはがんばれなくなった
らダメなのかというと、そうではありません。

　がんばりすぎるというスタイルでこれまでやってきた人は、きっ
とそうした働き方によって自分の大切にしたい価値に向かうことが
できていたのでしょう。私たちは、何を価値として暮らしたいかと
いう「人生のコンパス」のようなものを抱えながら日々生活してい
ます。

　とはいえ、自分の大切にしたい価値は、生涯変わらないわけでは
ありません。これまで仕事一筋に生きてきた人が、大病を患って
「無理をして自分を追いつめるのではなく、仕事とは関係のない世
界をもっと楽しもう」とか、「家族ともっと多くの時間を過ごそう」
という生き方にシフトすることがあります。これは、「仕事でいい
結果を出したい」という価値から、「自分を大切にしたい」とか「家
族との時間を大切にしたい」といった価値に移り変わり、改めて人
生に向き合おうとしています。

　このように、自分の大切にしたい生き方は、困難な状況を経て新
たに生まれることがよくあります。そして、そこで見つけた生き方
は、困難ではないときに大切にしていた生き方よりも、より高い価
値をもつことがたびたびあります。なので、何らかの苦難を体験し
たら、それによって自分の大切にしたい価値が新たに見つかると
思っても、必ずしも間違いではありません。

　自分の大切にしたい価値に導かれて、これまでがんばって働いて
きた。それなのに、何らかの不遇や苦難に出くわして、それができ
なくなった。そうした体験をした場合、まずは「がんばれたか否
か」というものさしはいったん置いてください。そして、これまで
気づくことのなかった、あなたがその局面で大切にしたい価値に、
しっかりと目を向けてほしいと思います。人生の所々で出会う困難
な体験は、どんなに怖い顔をしていても、必ずあなたに新たな価値
を届けてくれます。

4 ほめているつもりなのに相手に届かない

——上手にほめるためのマイナーチェンジ

サナエさんの主張

　私は、病棟で看護師長をしています。部下のなかにとても優秀なミホさんがいます。彼女はがんばり屋さんでもあり、患者へのケアも丁寧で先輩として後輩の面倒見もよく、とても助かっています。なので、彼女をほめたくて「いつもよくがんばってるね」と伝えています。ところが、私のほめ言葉がミホさんにうまく届いていないようなのです。

　それどころか、ミホさんは「自分は全然ダメです」「この程度しかできない」と、私のほめ言葉が逆に彼女の自己肯定感を下げてしまっているように感じられることがあります。私は、本当に彼女はよくやっていると思っていて、そのことをしっかりと伝えたいのに、これでは逆効果になってしまいます。いったいどうすればよいのでしょう。

☑ 相手の納得が伴っていない

　ミホさんに対するサナエさんの愛情がしっかり伝わってくるケースですね。サナエさんのように、相手をしっかりほめたくてほめ言葉を言っているのに、相手はそれを受け入れがたい。こうしたことは、対人援助の職場において少なくないように思います。

　話は変わりますが、次のような場面を想像してください。あなたは大切な人のために、料理を作ってふるまいました。ところが、味見をしてみると自分が作りたかった味に遠く及ばないのです。そんなとき、相手から「上手に作ったね」とほめられて、素直にその言葉を受け取ることができるでしょうか。きっと難しいでしょう。自分が求めていた基準に達していなかったので、そうなってしまうのも無理はありません。

　ここからわかるのは、こちらがいくら相手をほめても、**ほめたことに対する相手の納得が伴っていなければ、ほめ言葉は相手に届かない**ということです。

☑ 完璧主義がほめ言葉を跳ね返す

　ほめられても納得できない事情の1つに、ほめられる支援者自身の完璧主義的態度があります。ミホさんのどこに、完璧主義が垣間見えるか。それは、サナエさんにほめられたときに、「自分は全然ダメです」と応じていることからうかがえます。サナエさんは、ミホさんがよくやっていると思っているからこそ、ほめている。なのに、「全然ダメです」というミホさんの自己評価は厳しすぎますね。まるで、「100点以外はみんな0点」であるかのような態度です。これが、完璧主義の特徴なのです。

完璧主義とは、物事を白か黒かで捉えてしまう態度でもあります。完璧でないと納得できないため、自分の行動をふり返って少しでも満足できないと、「これは失敗だ」とか「自分はダメだ」のような判断に陥ってしまうのです。

　この完璧主義を、自らの仕事を評価するものさしとしてしまうと、減点思考に陥ってしまいます。というのも、仕事を評価する基準が「完璧にできたか否か」になってしまうと、人はすべて完璧にこなすことはそもそも不可能なので、「あれもダメ」「これもできていない」と自分の営みがどんどん減点されてしまうのです。だからこそ、サナエさんがどんなにほめても、自分の思うような完璧な状態からほど遠いと判断したミホさんには受け入れることができなかったのでしょう。

上手にほめる マイナーチェンジ のポイント

1 対人援助の仕事の理解

　今回のケースでは、ミホさんは完璧主義が影響して自らの仕事っぷりを「よし」と思えなかったために、サナエさんのほめ言葉が入りにくかったということでした。ミホさんほどでないとしても、対

人援助の仕事をしている私たちが、自分の営みを「よくやっている」と評価しづらい理由が2つあります。

1つは、目立った変化が相手にすぐに起きないということです。私たちは、自分の働きがよい結果となって現れたときに、「がんばった甲斐があった」と報われます。ところが、私たちが対象とするのは「人」です。人はそんなに簡単に変わるものではなく、相手の抱える問題や苦悩が大きければ、その傾向は強まります。力を尽くして対人援助を行っているものの、相手に目立った変化がすぐに起きないため、自らの働きを肯定的に評価しづらいのです。

もう1つは、対人援助は形がないため、自分で限界を決めにくいということです。これはつまり、どこまでやるのが正解か、なかなか判断しづらいということでもあります。こうしたとき、周りから「よくやっている」とほめられて安心する人もいるでしょうが、限界が決めにくい分「本当にこれでよいのだろうか」という葛藤も感じやすくなります。そうしたことが、自分の働きをよくやっていると評価しづらくしてしまうのです。

 自分の持ち場をとおしてほめる

では、どのようにほめることが、相手に届く言葉となるのでしょう。そのためのマイナーチェンジを伝える前に、第1章の4（p.19）でも述べた「持ち場」についてもう一度ふり返ってみましょう。人には、人それぞれに持ち場があります。私たちが人間関係で悩むとき、相手の持ち場に踏みこみ過ぎていることが多いです。

「相手から悪く思われていないだろうか」のように気にするとしんどくなるのは、相手がこちらをどう思うかは相手の持ち場であって、こちらではどうすることもできないからです。あるいは、相手から一方的にあれこれ言われると腹が立つのは、相手がこちらの持

ち場に踏みこみ過ぎているからです。

　さて、ミホさんがほめ言葉を受け取れないのは、ミホさんの持ち場です。そうなる事情は、彼女の完璧主義に由来しました。ミホさん自身そう思えないのに、「あなたはよくがんばっている」と「あなた」を主語にして伝える。ミホさんにしてみれば、サナエさんが自分の持ち場に踏みこみ過ぎているように見えてしまうでしょう。これでは余計に受け取りにくくなると思うのです。

　ここで上手にほめるためのマイナーチェンジを伝えましょう。それは、**自分の持ち場をとおしてほめる**です。**自分の持ち場をとおしてとは、主語を「あなた」にするのではなく「わたし」にする**ということです。「私はこう思う」というのは、自分の持ち場でできることになります。

 表情なども交え、よいところを具体的に伝える

　「わたし」を主語にしたところで、相手がほめられたと思えていなければ、やはりうまく届きません。**何がどうよかったと思うのかを具体的に伝える**ことが大切です。「すごいね」とか「よくがんばっているね」というほめ言葉は、何がすごくて、どうがんばっているのでしょうか。そこが明らかにならないと、ミホさんのようなタイプには響きません。

　こちらがよいと思ったことを、「私は、あなたのここがよいと思った」と具体的に伝えることで、相手はほめ言葉を素直に受け取ることができます。また、よいところを具体的にほめられることで、相手は「これでいいんだ」と自信を深めることもできます。

　もう1つ、ほめ言葉が相手に伝わりやすくなるマイナーチェンジのポイントがあります。それは、**ほめ言葉と表情や声のトーンなどの非言語的態度を一致させる**ということです。こちらがよいと

思ったことを伝えても、無表情であったり、声に抑揚がなかったりするとどうでしょう。相手にしてみると「本当にそう思っているの？」といぶかしむことになり、ほめ言葉は相手に届きません。私たちの言葉が相手にしっかり届くには、言語と非言語が一致していなければならないのです。

不安そうな表情を伴う震えた声で「大丈夫だよ」と保証されても、受け取った相手は本当に大丈夫だとは思えません。「大丈夫だよ」と保証したいときは、堂々としっかりとした口調で伝える。こんなふうに、伝える言葉の内容と、表情や口調のような非言語的態度を一致させると、上手にほめることができます。

患者のBさんにこんなふうに伝えてみましたが、よかったのでしょうか

ミホさんの声かけはとてもよかったですよ
私は、その場面で一番伝えなければならないことを
伝えてくれたと思います

図3-1　具体的に伝えたほめ方

もっと上手にほめるための
マイナーチェンジ

①　大切にしたい価値に適った行動の承認

以前、対人援助の研修を終えたあとに、受講者から次のようなコメントをいただきました。「『ほめる』というのは、アドラー心理学

では否定されています。上司が部下をほめると、部下は上司がほめるようなことだけをしようとするかもしれない。つまり、ほめる側が上の立場に立ち、ほめる側の価値観で相手をコントロールすることになるのではないか」と。

この受講者のコメントはとても大切なことだと、そのとき率直に感じました。このコメントとほめることに対するアドラーの考えには、私も深く同意します。一方で、私たちが何らかの仕事に就くとき、その職種に求められるスキル（技術）というものがあります。部下や後輩がうまくできていることを「ほめる」という行為は、求められるスキルに習熟した先達の責任でもあります。そうしたほめ言葉は、専門職として成長できていることを相手に示す勇気づけとなるからです。つまり、職種に求められる成長を遂げる部下や後輩をほめるという行為は、こちらの価値観で相手をコントロールすることにはならないのです。

そのうえで、上手にほめるマイナーチャレンジとして、相手を勇気づけるほめ方をお伝えしましょう。それは、「**相手が大切にしたい価値に適った行動を承認する**」ことです。働くうえで大切にしたい価値を、私たちはもっています。対人援助職として、給料をもらうこと以外に「この仕事を続けたい理由」があると思います。それこそ、自分が大切にしたい価値です。大切にしたい価値の話は、第3章の3（p.117）のマイナーな補足でも述べました。自分が大切にしたい価値に沿って、同僚に協力したり、後輩を指導したり、利用者や患者の支援に力を注いだりする行動は、その人の大切にしたい価値に適ったものです。そうした行動に対する承認は、ほめる側の価値観で相手をコントロールすることにはならず、相手の人生を勇気づけることになります。

その際に、「わたし」を主語にすると、相手の持ち場に踏みこまず、より勇気づけのニュアンスが強まります。たとえば、面倒見のよいミホさんが「後輩を大切に育てたい」という価値を大事にしな

がら後輩を指導していたとすれば、「私は、後輩を大切に育てよう
とするミホさんの姿勢はとても素敵だと思う」のようにほめること
ができます。

② 自分が大切にしたい価値を分かち合う

上手にほめるマイナーチャレンジに挑めるように、自分が大切に
したい価値を職場で話し合う機会を設け、それを分かち合えるよう
にしましょう。ちなみに、**自分が大切にしたい価値は、自分で自
分を承認する力にもなります**。なぜなら、私たちが自らを肯定で
きる瞬間とは、自分の大切にしたい価値に適った暮らしができたと
きだからです。それだけでなく、自分が大切にしたい価値は、自分
を支える力にもなります。

私の大切にしたい価値の1つは、「生きづらさを抱えた人が生ま
れてきてよかったと思える社会の実現」です。このことを自分が目
指したい方向とすることで、困難なことがあっても仲間と連帯しな
がら乗り越える力となってくれているのがわかります。あなたの大
切にしたい価値はなんですか。大切にしたい価値を、一緒に日々の
行動に表しましょう。

➕ マイナーな補足

失敗体験を成功体験にするための「ほめる」技術

本文中では触れませんでしたが、上司や先輩の立場にいる対人援
助職が「ほめる」という行為をしっかりとなさなければならない機
会があります。それは、新人に対してです。新人のうちは、専門的
なスキルをうまく使いこなしながら支援を行うことができませ
ん。そのため、現場に立って利用者や患者に支援を届けることに自

信がもてずにいます。では、まだ身につけていない新たなスキルを使いこなす自信は、どのようにして育まれるのでしょうか。

新たなスキルを使いこなす自信を育むために必要な体験は、「成功体験」です。つまり、やってみたらなんとかうまくやれた、という体験を重ねることによって、新たなスキルを使いこなす自信を深めていくのです。

とはいえ、自分の行った援助技術が本当にうまくできたかどうか、新人のうちはすぐには判断がつかないことのほうが多いでしょう。なぜなら、支援の対象である人が支援によってすぐに変化することはないので、うまく実践できているか判断するのが難しいからです。だからこそ、支援者が新人のうちは、上司や先輩がその人の行為を「うまくできているよ」とほめてあげることが大切なのです。

そうはいっても新人ですので、上司や先輩が求めるほどうまくできないことも多々あるでしょう。「ほめてあげたいけれど、うまくできていないのでほめることがない」と思ってしまうケースもあるかもしれません。しかし、うまくできなかった新人に対して、かける言葉がダメ出しばかりだと、新人は「この調子でがんばろう」とは思いにくいでしょう。

対人援助職は、新人のうちに離職するケースが少なくありません。それは、自分の行為がうまくやれているかどうか自己評価しづらいうえに、周囲からダメ出しを受けて、「この仕事は自分には向いていない」と思いやすいことに由来しているのかもしれません。

そうしたときに、新人に対してぜひやってみてほしいことがあります。それは、「失敗体験を成功体験に変換する」というほめ方です。新人の働きを見て、ほめるところがどこにもないと思うのは、新人の働きを評価するハードルが高すぎるからです。たしかに、最終的にはそのハードルの高さに新人の援助技術がたどり着く必要はありますが、いきなりできるわけでもありません。

「新しいスキルは、最初は誰もがうまく使いこなせない。でも、自分なりに実践を重ねることによって、だんだんとうまく使いこなせるようになる」。それが、新しいスキルを習得するプロセスです。

では、失敗体験を成功体験に変換するにはどうすればよいでしょう。それは、ハードルを下げて新人の働き方を見るようにするのです。そうすれば、できていること、よかったことが、必ず見つかります。たとえば、新人の看護記録が詳細に書かれてはいたものの、必要なフォーマットに則っていなかったとします。こうしたとき、どちらの声かけが、新人のモチベーションを高めるかは明白ですね。

　様式に基づいて記録を書かなきゃダメじゃない　←ダメ出し

　詳細な記録を書くことができるほど、Bさんの様子をよく観察できているね。その調子！
　患者本人の訴えと自分のアセスメントを分けて書くと、記録がもっとわかりやすくなるよ　←イイ出し

　ハードルを下げて失敗体験を成功体験に変換してほめるとは、こういうことです。新人が独り立ちをするまでの間、あなたのほめ言葉で「この仕事を続けられそうだし、続けたい」という気持ちを育んであげてくださいね。

5 指示待ちスタッフに主体的に動いてもらうには

——上手に指示を出すためのマイナーチェンジ

　私は、地域包括支援センターで相談員をしている社会福祉士です。ナオヤさんのことで悩んでいます。というのも、彼は入職して2年目になるのですが、いまだに上からの指示がないと率先して動かないのです。自分で対応できるような相談を利用者から受けても、「これはどうしたらいいのでしょうか」といちいち指示を求めてきます。私も他のスタッフも、そのつど「これはこうして」と指示を出しますが、こちらもやらないといけないことがあるし、いい加減自分で判断して業務にのぞんでほしいと思います。

　ナオヤさんには、指示を待つのではなく、主体的に動けるようになってもらいたい。なのに、それと真逆のナオヤさんに対して、私はどうすればよいのでしょう。

☑常に周りのスタッフが指示を出している

　今回のアヤさんのように、指示待ちの多いスタッフへの対応に苦慮するという話は、対人援助の職場では少なくないようです。本当に指示を待つだけで、指示さえあれば動くのだとしたら、次のような指示の場合どうなるでしょう。「これから先は、何をしたらよいか自分で考えて、率先して動いてください」と。

　これが指示となったとき、はたして指示待ちスタッフのうち、何割くらいの人がこの指示に従って動くことができるでしょう。そんなに多くはないと思うのではないでしょうか。だとすれば、指示待ちスタッフの問題の本質は、指示がないと動けないということではないと思うのです。

　もちろん、新人のときのように指示がなければ動きにくい時期もあります。知識や経験が不足している新人のうちは、先輩に指示を仰ぐことがむしろ自然です。また、この時期は先輩に怒られたくないという気持ちが強くなりやすく、報告や申し送りの際に率先して発言しづらいこともあります。こうした新人時代は、自分もかつてそうだったことを思い出しながら、必要に応じて指示を届けてあげることが、先に勤めている者の責任として求められます。

　とはいえ、今回のケースではナオヤさんは2年目の職員ですので、新人とはいえません。アヤさんの話から読み取れる、ナオヤさんの指示待ちの理由。それは、ナオヤさんが指示を求めるたびに、アヤさんをはじめ他のスタッフが指示を出していることかもしれません。でも、これはアヤさんたちにしてみたら、納得できないことでしょう。「ナオヤさんが指示を求めてくるから指示を出している。なのに、なぜ私たちの指示がナオヤさんの指示待ちの理由にな

るのか」と。

☑ 主体的に動く自信を 育ちにくくしている

　第2章の2（p.42）では、私たちの行動は前後の状況によってコントロールされることをお伝えしました。前後の「前」はきっかけ、「後」は結果です。**行動が繰り返されるパターンは、その行動が起こりやすいきっかけがあり、その行動を行った結果、何らかのメリットが得られる場合です**（図3-2）。それを、今回のナオヤさんのケースで見てみると次のようになります。

　先輩からの指示によって、何をするかのきっかけを得たナオヤさん。指示どおり動いてみたら、何とかうまくやれた。こんなふうに、指示というきっかけのもと、指示どおり動いたらうまくやれたという結果がメリットとなり、ナオヤさんの指示を待つ働き方が繰り返されていたと考えられます（図3-3）。

　「2年も働いていたら、それなりにやれるという自信が育ってもよさそうなのに」と思った人もいるでしょう。本来、**新たな行動への自信は、それをしてみてうまくいったという成功体験によって、少しずつ育っていくもの**です。けれども、ナオヤさんの場合、

アヤさんが気にしていた「主体的に」業務をこなしたという経験が少なく、先輩の指示のもとうまくいったという経験を重ねていました。「自分で考えてやってみたらうまくやれた」という成功体験を積んでいなかったため、職場で主体的に動く自信が育ちにくかったのでしょう。

ましてや、相談援助のように、毎回ステレオタイプに進められないような支援では、その時々に応じて支援者が主体的に判断することが求められます。自らの判断ではなく、先輩の判断によって相談援助を始めていたナオヤさんの働き方は、主体的に判断して相談援助を進めるという行動を後押ししづらかったのだろうと思います。

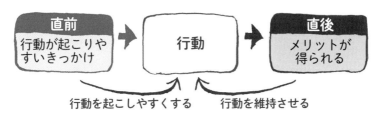

図3-2　行動が繰り返されるパターン

図3-3　ナオヤさんの指示待ちが繰り返されるのは…

上手に指示を出す
マイナーチェンジ のポイント

1 相手が気づけるように声かけする

　指示どおりに動くというナオヤさんの行動が、どのようなきっかけと結果によって繰り返されているかを読み解きました。次に、ナオヤさんの「指示を求める」という行動について考えてみましょう。指示を求める行動は、先輩が指示を与えてくれるという結果がメリットとなり、繰り返されています。では、ナオヤさんが指示を求めるのは、どんなとき（きっかけ）でしょうか。それは、「どうすればよいかわからない（または自信がない）」ときです。これが指示を求めるトリガーとなるのであれば、指示待ちを減らして主体的に動くには、ここを何とかしなければなりません。

　つまり、自分なりにどうすればよいかを考えてみるということです。それができないから困っているというアヤさんの悩みこそ、上手に指示を出すマイナーチェンジのポイントとなります。通常、「指示する」という行為は、相手がすることをこちら（指示する側）から伝えます。「そんなの当たり前じゃない」と思うところに、上手に指示を出すために超えたい壁があります。

　本当に上手な指示は、**相手がすることを相手が自分で気づけるような声かけ**です。なぜなら、**「気づき」は行動を駆動する力となる**からです。たとえば、知人から「この人のコンテンツおもしろいから、フォローしてみたら」と言われたSNSと、自分で観て「この人のコンテンツはおもしろい。これからも観たい」と思ったSNSとでは、どちらのパターンが自発的にフォローしやすいか。それはきっと後者でしょう。前者と後者の違いは、「コンテンツのおもしろさに対する気づきの有無」です。このことからもわかるように、気づきが行動を後押しします。

② 相手の答えを導きだす質問をする

　指示を待つスタッフが、主体的に動けるようになる。そのために
は、相手が指示を求めてきた場面で、何をすればよいかを相手が気
づけるように声かけすることです。そのために有用なコミュニケー
ションが、「**質問**」です。

　こちらが指示を出すことによって相手に何かを伝えるのではな
く、相手が何をすればよいかを自ら導き出せるように質問してみる
のです。相手が、「どうすればよいでしょう」と指示を求めてきた
ら、「どうすればよいと思う？」と尋ねてみてください。**指示を出
す代わりに、相手にどうすればよいと思うか質問してみる**のもマ
イナーチェンジのポイントです。

　相手が答えたら、それをぜひ承認してあげてください。間違っ
ても、「そうじゃない！」と全否定するようなことは言わないよう
に。そんなことをすると、「やっぱり自分は先輩の指示がなければ
ダメだ」という思いを強めてしまいます。相手の答えが間違ってい
たらどうしたらよいか。そのときは、その答えの中に少しでもよい
ところを見つけ、それをさらによくするためにはこうすればよい
と、2段階で伝えるとよいでしょう（第3章の2（p.105））。

　あるいは、2段階での伝え方を質問形式として、「さらによくす

（右側の縦書き）第3章　上手に「ポジティブな対応」をする　マイナーチェンジ

135

るには、どうすればよいと思う？」と尋ねてみるのもアリですね。もしかすると、「相手の答えによいところが1つもなかった」ということもあるかもしれません。でも、これまで指示を待つことが多かったスタッフが自ら答えを出してみたという点は、紛れもなく相手の答えのよいところです。

そうすると、「自分で考えたね！　その調子！！　この場合、もっとよくするには……」のような感じで伝えることができますね。そうやって、相手の「自分で考えて動いてみる」という主体性をじっくりと育ててあげてください。

もっと上手に指示を出すための
マイナー　チャレンジ

1 質問の中に相手の気づきを促すヒントを加える

指示を求めてきた相手に、どうすればよいと思うか尋ねてみる。こうした質問だけでは、指示を待つことになじんだ相手に、主体的な行動を促すだけの気づきをもたらすことが難しい場合もあるでしょう。そうしたときは、質問にひと工夫加えてみましょう。それが、もっと上手に指示を出すためのマイナーチャレンジになります。

ひと工夫とは、**質問の中に相手に気づいてもらいたいヒントを加える**ことです。相手がうまく答えられなければ、気づきのヒントをもっと具体的に繰り出してみます。

わかりやすい例として、鍵を机の引き出しの中にしまったことを忘れた人の場合で考えてみましょう。「どこにあるか探してみて」は一般的な質問です。気づきのヒントを加えると、「ふだんよくいる部屋の中を探してみて」となります。それでも見つけられなければ、「机を探してみて」となります。気づきを促す質問は、言葉を

136

変えると、**誘導によって相手に答えを見つけさせる**ということです。

「何をすればいいと思う？」だと、あまりに広すぎるので答えにくい。具体的に質問すると、「今の困りごとが、家族関係の影響を受けているかもしれない。まずは本人への家族のかかわり方についてアセスメントしてみよう」と気づける。

図3-4　支援方針を立てる際に気づきを促す質問の例

 ② 相手への勇気づけの方針を共有する

相手が指示を求めてきた場面で、こちらが指示を出そうとしたことに、相手が自分で気づけるように問いかける。その問いかけのなかに、どんな気づきのヒントを加えればよいかを考える。

こうした気づきの質問をうまく使えるようになるにはどうすればよいでしょう？　もちろん、使える場面でどんどん使ってみることです。では、気づきの質問が使える場面とは、どんな場面でしょう？　あなたが指示を出したいと思ったあらゆる場面ですね。「○○をしよう」と指示を出す代わりに、○○をすることに相手が気づくために質問を繰り出す。そうしたマイナーチェンジを重ねてみてください。

ここで紹介した「指示の代わりに質問」という対応は、**できれ
ばこれまで指示を出していたスタッフみんなで共有したほうがよ
い**でしょう。特定の人だけが質問をして他の人は従来どおり指示を
出す。それだと、指示を待つスタッフは、従来どおり指示を出して
くれる人を選んで指示を求めてくるかもしれません。

　また、みんなでこうした対応を共有するのであれば、「指示を求
められるのが嫌だから」ではなく、**「自分で考えて動ける主体性を
育ててあげたいから」**という勇気づけの方針を共有しておくよう
にしましょう。スタッフの成長を望む先輩たちの温かい雰囲気は、
きっと指示待ちスタッフの主体性を穏やかに育む力となります。

➕ マイナーな補足

相手を説得したくなったとき

　気づいてもらいたいヒントを加え尋ねるような質問、実は認知行
動療法で多用されるコミュニケーション「ソクラテスの質問」なの
です。ソクラテスの質問という名前は、古代ギリシアの哲学者であ
るソクラテスが、相手の矛盾や無知を自覚させ、より高次の認識へ
と導くような対話を用いたことに由来します。

　認知行動療法は、考えや行動を変えることで問題解決を目指す対
人援助技法です。利用者や患者の考えを変えるのは、認知行動療法
を行う支援者だと思う人もいますが、それは誤解です。なぜなら、
私たちは他人の考えを真に変えることはできないからです。考えを
変える主体はあくまでも当事者本人であり、自分を苦しめる考え
が、妥当でないことやデメリットが多いことに気づくことが求めら
れます。マイナス思考の妥当性や有用性を自分で否定できて初め
て、マイナス思考の影響力が弱まり、別の考えが浮かびやすくなる
のです。そうした気づきを促すためのやりとりとして、ソクラテス
の質問が用いられます。

　さて、対人援助をしていると、職場のスタッフだけではなく、利
用者や患者に説得をしたくなる場面が何度もおとずれます。大抵説

138

得したくなる場面は、そのときのかかわりや支援がうまくいっていないときです。こんなとき、事態を一気に打開したくて、説得という力業に打って出やすくなります。とはいえ、説得で相手を変えることはできません。なぜなら、説得したい内容が自分に必要であると本人が気づいていなければ、説得に従って行動しようとは思わないからです。

　人は、他人からの説得ではなく、自らの気づきによって行動への動機づけが高まります。たとえば、深酒がやめられない利用者とのやりとりで考えてみましょう。支援者が「また飲んでしまったんですか。今度こそ断酒をしましょう」と説得しても、相手は「うるさい。ほっといてくれ！」と聞く耳をもたないと思います。

　それが、ソクラテスの質問を使うと、次のような展開になります。

支援者「どんなときに、お酒を飲みたくなるのですか」

利用者「なにもかもむなしくなったときです。むなしくなったら、酒を飲まないと解消できないんです」

支援者「むなしさを紛らわしたくてお酒を飲んでいたのですね。お酒を飲むと、むなしさはずっと解消されたままですか」

利用者「しばらくするとまたむなしくなります」

支援者「そのとき、どんなことが頭に浮かぶのですか」

利用者「また飲んでしまった。俺は本当に情けない人間だなって」

支援者「そんなふうに思うとどんな気持ちになるのですか」

利用者「余計にむなしくなります」

支援者「そうだったのですね。お酒はあなたに何をもたらしていると思いますか」

利用者「むなしさをつくり出していることになりますね」

支援者「たしかに。では、むなしさを解消するにはどうすればいいんでしょうか」

利用者「酒をやめて、何か他のことをしてみたらいいのかな」

　やりとりを見ていただくとわかりますが、「酒をやめる」という言葉を利用者本人に言わせています。つまり、そうした気づきへといざなうことができるのが、ソクラテスの質問のよいところなのです。
　とはいえ、ソクラテスの質問を繰り出したのに、相手が答えられない場合もあるでしょう。そうした場合は、マイナーチャレンジで述べたように、質問に加えるヒントをもっと具体的にしてみてください。

　たとえば、「どんなときに、お酒を飲みたくなるのですか」の問いにうまく答えられなければ、**「最近お酒をたくさん飲んでしまったのはいつですか」**と最近のエピソードをまず尋ねます。そして、**「お酒を飲む直前は、どんな気分でしたか」**とか**「お酒を飲む直前に、何をしていたのですか」**のように具体的に尋ねることによって、相手は飲酒のきっかけに気づきやすくなります。

　もちろん、ソクラテスの質問ばかり繰り出していると、相手は質問攻めにあっているような気持ちになるかもしれません。先ほどのやりとりの例を見ると、支援者は折に触れて相手の訴えをしっかりと承認しています。相手の訴えをしっかりと受け取るといったやりとりがあって、ソクラテスの質問が活きるのです。

みんなで協力したいのになぜできないのだろう

——上手に協力するためのマイナーチェンジ

　私は、特別養護老人ホームで介護職員として働いています。私の職場は、とにかくお互いに協力し合うのが難しい雰囲気があります。常に人手が少ないため、一人あたりの業務の負担も大きいです。そのせいか、職場はいつもピリピリした雰囲気で、お互いに協力し合おうという状態にならないのです。

　とはいえ、介護業務のなかには一人でできないこともありますし、担当の利用者に呼ばれたときに手が離せないと代わりに行ってもらうような機会も頻繁にあります。私も協力を求めたくて声をかけることがありますが、「こっちも忙しいから」と断られたりします。そうすると、「声をかけたって、誰も協力してくれないんだ」と思い、気分が沈みます。

　そうしたこともあって、協力を求めたくても「きっと嫌な顔をされて断られるだろう」と思ってしまうのです。結局、声をかけ損ねて一人で踏ん張らざるを得ない。そうした職場の雰囲気に、いい加減うんざりしています。

☑ 相手の持ち場に踏みこみ過ぎている

　ミズヨさんの言うように、介護の職場は人手不足のために、自分の仕事で精いっぱいということもあるでしょう。そうした状況で、職場の雰囲気が非協力的であることに困っている介護職員は少なくないと思います。これは、介護職員に限った話ではありません。あなたがどのような職種であったとしても、職場のスタッフの非協力的な態度に悩むといったことは、一度は経験したことがあるのではないでしょうか。

　本書でも折に触れて述べている「持ち場」を通して、ミズヨさんのように協力を求めることが難しくなるカラクリについて考えてみましょう。持ち場というのは、**「人には人それぞれに持ち場がある」**というシンプルな発想です。人間関係は、「自分」と「相手」が必ずかかわります。

　持ち場で考えると、人間関係を営む際、自分には自分の持ち場があり、相手にも相手の持ち場があるということになります。このうち、自分でコントロールできるのは自分の持ち場です。反対に、相手の持ち場は自分ではコントロールできません。**人間関係で問題が生じるとき、自分ではどうすることもできない相手の持ち場に踏みこみ過ぎている**ことが少なくありません。

　では、今回のミズヨさんの場合だと、どこに「相手の持ち場に踏みこみ過ぎる」という態度が隠れているでしょう。それは、彼女の捉え方にあります。ミズヨさんは、「誰も協力してくれない」とか、協力を求めても「嫌な顔をされて断られるだろう」と考えています。相手が協力に応じるか否かは、誰の持ち場でしょう。協力を求めたときにどういう反応をするかは、誰の持ち場でしょう。もちろんそれは、相手の持ち場です。本来自分ではどうすることもできな

い相手の持ち場に踏みこみ過ぎてしまったことが、ミズヨさんをモヤモヤさせていたのです。

☑ 極端な捉え方〜「一般化しすぎ」「悪い先読み」

相手の持ち場に踏みこみ過ぎてしまうと、私たちの捉え方はどんどん極端になってしまいます。 ミズヨさんは、特定のスタッフに協力を求めたものの断られてしまいました。でもそれは、特定のスタッフとの間での出来事にすぎません。にもかかわらず、「誰も協力してくれない」と考えるのは"一般化しすぎ"です。

　一般化しすぎというのは、たとえばある人に告白してフラれると、「誰も私のことを愛してくれないんだ」と考えるような捉え方のことです。1つの出来事をもとに、「みんなそうだ」とか「いつもこうなる」のように考えてしまうことが、一般化しすぎという捉え方です。

みんな協力してくれないだろう

一般化しすぎ

　ミズヨさんの捉え方には、もう1つ極端なところがあります。それは、"悪い先読み"をして結論づけてしまうという考え方です。ミズヨさんは、協力を求めても「きっと嫌な顔をされて断られるだろう」と決めつけてしまっています。たしかに、そうしたこともあるかもしれませんし、そうではないこともあるでしょう。なのに、

まだ起こっていない未来の出来事について、「きっとこうなる」と悪く先読みして決めつけてしまっているのです。こうした捉え方の特徴も、他のスタッフに協力を求めることを難しくしていたのです。もちろん、これ以外にも職場の協力体制が不十分な理由はあります。それについては、マイナーチェンジで述べたいと思います。

悪い先読み

上手に協力する マイナーチェンジ のポイント

① 協力に応じるか否かは 相手の持ち場なので踏みこまない

　人には、人それぞれに持ち場があるという話をしました。そして、人間関係で問題が生じるのは、相手の持ち場に踏みこみ過ぎてしまうということに由来しているとも述べました。**人間関係に伴う悩みを解決するには、相手の持ち場に踏みこみ過ぎず、自分の持ち場でできることをする**というのが、シンプルですがとても効果のある発想となります。上手に協力するには、自分の持ち場でできることをすればよいのです。

　「協力」という営みは、「協力を求める」という営みと、「協力に応じる」という営みから成ります。このうち、こちらが相手に協力を求めるのであれば、協力を呼びかけるのが自分の持ち場であり、

それに応じるか否かは相手の持ち場ということになります。だとすれば、**相手が協力に応じるか否かは相手の持ち場なので、そこをどうにかすることを最初から手放しておく**ことが大切です。

とはいえ、このことに納得しづらい人もいるでしょう。「互いに対人援助の仕事をしているのだから、協力し合うべきだ」と思うかもしれません。しかし、協力に応じられないのは、相手にそうせざるを得ない事情があるのです。トイレが1つしかない。あなたは今にも漏れそうで、トイレのドアノブに手をかけて入ろうとしている。そのとき後ろから「先に使わせてください」と言われても無理な話ですね。

協力に応じるか否かは相手の持ち場であり、応じられない場合、その人にしかわからない事情があると思っておくと、応じないことに対してイライラすることもなくなります。

② 具体的で配慮された協力の呼びかけ

相手の持ち場は相手に任せて、自分の持ち場でできることに注力します。こちらから協力を求める場合だと、自分の持ち場は「協力を呼びかける」です。だとすれば、協力の呼びかけ方にマイナーチェンジをほどこすことで、協力という営みをより上手に行うことができます。協力を呼びかけるマイナーチェンジのポイントは、**「具体的」**と**「配慮」**の2つです。

具体的というのは、どのような協力を求めるかを具体的に伝えるということです。たとえば「今日は忙しいですか」のように曖昧な伝え方だと、相手が忙しければ「うん」と答えておしまいです。でも、こちらが求めたかった協力が、「午後の利用者の送迎をお願いしたい」だったとしたら、相手はそこまで理解できたでしょうか。「今日は忙しいですか」の問いかけに、そうした協力要請が隠れて

いるなんて、誰にもわかりません。なのに、こちらは協力を呼びか
けたつもりになってしまい、「ほら、やっぱり手を貸してくれない
んだ」と思うのは筋違いですね。

　こうしたときは、

> 「急変した利用者の通院介助をしなければならなくなったので、
> 午後の利用者の送迎をお願いしたいのですが」

のように具体的に伝える必要があります。

　「配慮」というのは、ささやかでよいので、協力を呼びかける際
に相手への配慮の言葉をひと言添えるということです。ミズヨさん
の主張にあるように、スタッフが少ないために一人の抱える負担が
大きく余裕がない職場もあります。そうしたとき、「○○を手伝っ
てください」と協力を呼びかけるだけだと、ミズヨさんが経験した
ように「こっちも忙しいから」と協力に応じてもらえないこともあ
るでしょう。こんなふうに、自分のことだけに終始してしまうと、
人間関係はうまくいかなくなります。

　**人間関係を円滑にまわすために必要なものは、人と人との架け
橋となる言葉**です。そして、**協力を求める際に、相手に向けた架
け橋となる言葉こそ、相手への配慮のひと言**なのです。

　協力を呼びかけるときは、

> 「お忙しいときにすみませんが」や「疲れていると思うけれど」
> のように、ささやかでよいので相手への配慮のひと言を添える

ひと言添えられると、相手は「力を届けよう」と思えるでしょう。

　相手が協力に応じてくれたら、そのときは感謝の気持ちを伝える
のを忘れないようにしたいですね。感謝の気持ちをしっかりと伝え
ることで、協力に応じた相手は報われます。

もっと上手に協力するための
マイナー チャレンジ

1 協力し合うという文化の職場に

　先ほどは、「協力を求める」という立場で、上手に協力するマイナーチェンジについて考えてみました。今度は、「協力に応じる」という立場で、上手に協力するためのマイナーチェンジについて深めてみましょう。

　ミズヨさんの主張には、人手不足による業務負担の増加に伴い、職場はピリピリした雰囲気で協力し合おうという状態にならないとありました。実際、自分の職場は協力を求める以前に、協力に応じる人が少ないと感じている人もいると思います。こうした雰囲気が、職場の居心地の悪さを強めているのは間違いないでしょう。

　職場の人手が十分ではなく、誰もが自分の仕事で手一杯という状況を想像してみてください。そうしたときに、率先して周りに協力しようという気持ちはわいてくるでしょうか。

　協力を御輿にたとえてみます。御輿の担ぎ手は一定数いるけれど、実際に御輿を担ごうとする人はいない。そんな御輿を、周りにいる担ぎ手は率先して担ごうとするでしょうか。「誰も担いでないし、重くてけがしたら嫌だからやめておこう」となるかもしれません。こんなふうに、**率先して協力する人が職場から少なくなればなるほど、「自分の負担が増えるから、手を貸すのはやめておこう」という気持ちになりやすくなります。**

　では、こうした悪循環のなかで互いに協力しようという文化を育てるにはどうすればよいのでしょうか。先ほどの御輿の例で考えると、多くの人が担ぎたくなる御輿って、どんな御輿でしょう。それはきっと、担ぎ手が多い御輿だと思います。なぜなら、担ぎ手が多いと、その分担ぎ手の負担は軽くなるし、なによりも華やかだから

第3章
上手に「ポジティブな対応」をする
マイナーチェンジ

です。

　ここからわかるのは、**協力する人が増えれば増えるほど、その職場は協力し合うという文化が育ちやすくなる**ということです。そして、そのためにできることこそ、上手に協力するためのマイナーチャレンジになります。協力する人が増え、協力し合うという文化が職場に育つために、自分の持ち場でできることをしてみればよいのです。

一緒に担ぐよ

② 折に触れて率先して協力に応じる

　自分の持ち場でできることとは、協力を求められたら、率先して協力に応じるということです。

　とはいえ、人手が少なくピリピリした雰囲気の職場だと協力を求めるハードルが上がるので、相手から協力の呼びかけを受ける機会は少ないかもしれません。ここでも自分の持ち場でできることがあります。それは、**こちらから折に触れて、手を貸してほしいことはないか周りに尋ねてみる**ことです。そして、手を貸したほうがよい場面があれば、力を届けるようにします。こんなふうに、**折に触れて自分から率先して力を届ける**ということも、上手に協力するマイナーチャレンジとなります。

　あなた自身が周りに力を届けることで、協力という御輿の担ぎ手

が徐々に増える。そうした文化を育むマイナーチャレンジを通して、職場の居心地のよさを高めていけたらいいですね。ここでは、「折に触れて」ということにも気を留めておいてください。あなたがつぶれてはいけないので、何にでも率先して力を届けようと前のめりにならないでくださいね。それは、マイナーなチャレンジとはいえません。

✚ マイナーな補足

責任ってなんだ

　面倒なことは他人に任せる。こうした態度は、協力するというあり方と対局にあります。でも、そうした人が増えているという話を、あちらこちらで聞きます。もしそうだとしたら、それはどういう理由によるのでしょうか。それを読み解くうえで、「責任」という言葉がキーワードになるかもしれません。

　私たちは、過ちやミスをしてしまったとき、責任をとるよう迫られることがあります。ここで、あなたに考えてみてほしいのです。こういう場合、責任をとるとは一体何をすることを指すのでしょう。してしまった過ちやミスに相応な行為をすることだと考える人もいるかもしれません。でも、本当にそんなことで責任をとれるのでしょうか。

　たとえば、過ちやミスが特定の人に重大な被害を招いた場合、「職を辞する」とか「お金で補償する」という行為はその人たちが受けた結果とつりあうでしょうか。仮に支援のなかでの過失で、利用者や患者が亡くなった場合、どのようなことをしてもその結果に相応な行為をとることはできません。そう考えると、何が正しい責任のとり方なのかわからなくなります。ましてや、何らかの過失が起こった場合、それは個人の責任ではなく、職場や社会の構造上の問題として考えたほうがよい場合も少なくありません。

　私たちの社会では、責任という言葉を用いるとき、何かが起こったあとに向けて使われることが多いです。もちろん、過ちやミスを

したときに、心からの謝意を示したり償いをしたりすることは、とても大切なことです。一方で、「何かあったら責任をとれ！」という圧力が強まれば強まるほど、責任を背負いたくないと考える人は増えていくでしょう。

　何かあったら責任をとる。それを回避するための最適解は、「何もしない」ということです。率先して協力をしない、つまり面倒なことは他人任せという風儀は、「何かあったら責任をとれ！」と前のめりに考える人々が増えるのに従い、広がっているのではないでしょうか。

　けれども、「何かあって責任をとりたくないから、できるだけ余計なことはしないようにしよう」という人が職場で増えれば増えるほど、本来起こってはならないその「何か」が生じる可能性は高まります。「崩れたら嫌だから、自分は御輿から離れよう」と担ぎ手が次々と離脱したら、その御輿はほどなく崩れてしまうのと同じです。

　先ほど、"責任という言葉を用いるとき、何かが起こったあとに向けて使われることが多い"と述べました。責任には、こうした意味合いのほかに、もう1つの意味合いがあります。それは、「しなくてはならないつとめ」という意味での責任です。この場合の責任は、何かが起こる前を射程に捉えています。つまり、「よい結果を生み出すために責任をもつ」ということです。

　こちらの意味での責任だと、私たちはより物事にコミットすることができるのではないでしょうか。それは、職場の協力体制についてもいえると思います。「何かあったら責任をとる」ではなく、「よいものを生み出せるように責任をもとう」のほうが、力を届けようという気になりますね。そうした責任の捉え方は、居心地のよい職場をつくり出すための責任を、みんなで一緒に背負うことにもつながります。

　とはいえ、よいものを生み出すという「前」に向いた責任をもつことが、人によっては高いハードルとして感じられることもあるかもしれません。一人でも多くの人が、この先の職場環境をよりよい

ものとする責任をもつために必要なことは何でしょうか。それは、責任を個人の枠組みで捉えすぎないようにする、ということに尽きると思います。

　職場環境がよいものになるか否かの責任は、その職場に属する構成員みんなのものです。つまり、責任の主体は個人ではなく、コミュニティなのです。力の届け方には、人それぞれ濃淡があって当然です。なのに、特定の個人が他と比べて十分に責任を果たしていないように見えると、「ズルをしている」のような糾弾と監視が職場にわき起こる。そんな雰囲気に覆われた職場が居心地よいわけはありません。仮に、職場環境をよいものとするために、スタッフが十分な力を届けられないのであれば、コミュニティにどのような構造的な課題があるかを考える必要があります。

　そんなふうに、責任の主体をコミュニティとすることで、協力し合える文化を育てるための安全で建設的なやりとりができるようになります。

第4章

折り合いながら
居心地のよい
職場をつくり出す

1

折り合うという営みが

人間関係にもたらすものとは

どちらか一方の目線による 対処はうまくいかない

　ここまで紹介した事例をふり返ってみると、そこには必ず人間関係に悩んでいる当事者とその相手がいました。人間関係の悩みの対処法として一般的に推奨されるのは、悩みを抱える人間関係のどちらか一方をターゲットとすることです。

　最初の事例に登場したツグミさんの場合で考えてみましょう。彼女は、同じ職場に嫌いなスタッフがいたのが悩みの種でした。この場合、よく聞かれるアドバイスは、「嫌いな人とは距離をとりましょう」や、「嫌いな相手のよいところを見つけましょう」であったりします。前者は、嫌っている当事者目線で問題の解決を図ろうとしています。一方後者は、嫌われている相手目線で問題の解決を図ろうとしています。

　もちろん、こうしたアドバイスが功を奏することもあると思います。しかし、実はこうしたどちらか一方の目線による対処だと、長い目で見るとうまくいかないことのほうが多いのです。なぜなら、それによって**一方の顔が立てられても、他方の顔が立たないという事態を引き起こしてしまう**からです。

　第1章の2（p.8）では、人間関係の悩みは自分と他者との間でコミュニケーションがうまく機能していないことに由来すると述べました。コミュニケーションは双方向的な営みなのに、一方の目線からの対応に終始してしまうと、コミュニケーションの成立をより困難にしてしまいます。そうすると、短期的にはうまくいったように見えても、その職場で互いが一緒に働き続ける限り、長期的にはより解決困難な関係性をもたらしてしまうことになるのです。

　「嫌いな人と距離をとる」という対処は、嫌われている相手の事情がくめていない。反対に、「嫌いな相手のよいところを見つける」という対処は、嫌っている当事者の事情をくめていない。これで

は、どちらかが割を食うことになってしまいます。想像してみてください。「自分だけが割を食っている」と思いながら働くその職場に、居心地のよさを感じられるでしょうか。より多くの力を率先して職場に届けようと思えるでしょうか。どちらもきっと難しいと思います。そうすると、人間関係はますます冷え込んでしまい、協力や連携を大切にしながら進めていかなければならない対人援助の質は低下してしまいます。

 ## 三方一両損にみる折り合いの知恵

　これまでに紹介したマイナーチェンジとマイナーチャレンジを、ふり返ってみましょう。いずれも、どちらか一方の顔を立てるのではなく、当事者と相手の双方の顔を立てることを目指しています。先ほども取り上げたツグミさんのケースで考えてみましょう。

　スタッフを嫌うというのは、結果的に職場の人間関係を損ね、居心地の悪い職場を生み出す温床となります。だからといって、「嫌ってはダメだよ」というアドバイスは事態を解決に導いてはくれません。それは、結局嫌っている人の顔をつぶすことになるからです。どんなに正論でも、人のふるまいを頭ごなしに否定することは、人間関係の問題を解きほぐし、居心地のよい職場をつくり出すための言葉の運び方とはならないのです。

　ツグミさんのケースでは、私たちが人を嫌いになるカラクリとし

てラベリングについて解説しました。そして、嫌いな相手を象徴するキャラクターを作り、それを新たなラベルとして相手に貼るというマイナーチェンジのポイントを提案しました。こうすることで、相手を一方的に嫌うことにならず、かといって嫌っている当事者の気持ちも黙殺することなく対処することができます。

このように、ネガティブな対応にせよ、ポジティブな対応にせよ、マイナーチェンジとマイナーチャレンジに一貫して付与したポイントは、**双方の顔を立てる**ことに向けられました。本書のテーマは、人と折り合う流儀を身につけて、職場の居心地をよくするということです。折り合うとは、つまりこういうことをいうのです。

折り合うという視点で人間関係の問題を見事に解決した話に、三方一両損という落語の演目があります。

左官の金太郎は、三両が入った財布を拾います。落とし主は、大工の吉五郎だとわかったので、届けに行きました。ところが吉五郎は、「江戸っ子は、一度落とした金はきっぱりあきらめるもんよ」と受け取りません。金太郎も「俺だって江戸っ子よ。落とし主がわかったからには、是が非でもおめえに渡す」と譲りません。困った二人は、大岡越前守に訴え出ます。双方から言い分を聞いた越前守は、三両に自分の一両を足して四両とし、「その方らは、いずれも三両手に入れられたところを、二両になったのだから一両ずつの損。この越前も一両出したから一両の損。三方一両損をもって、手打ちにいたせ」と二人に二両ずつ渡し事態を収めました、という話です。

とても見事な折り合いの知恵ですね。どちらかの言い分を採用して、もう一方に三両を渡したりしていたら、それこそ言い分を聞いてもらえなかったほうの顔はつぶされます。そうなると、金太郎と吉五郎の関係はますます険悪になり、いさかいが絶えなかったかもしれません。

どちらか一方の目線の対処だと、もう一方の顔が立たない。その理由は、三方一両損の話からもわかるように、**人間関係の問題を抱えた当事者と相手は、どちらも自分なりの事情を抱えている**ことにあります。明らかな加害行為でもない限り、どちらかの目線だけで人間関係の問題を解決しようとすれば、もう一方の事情が黙殺されてしまいます。折り合うとは、**お互いの事情を少しでもくむ**ということでもあるのです。

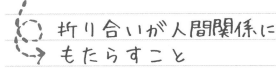

折り合いが人間関係にもたらすこと

互いの持ち分を共有する場に届ける

折り合うという営みは、関係する人すべてが得をするといった話では決してありません。三方一両損の話では、それぞれが一両ずつ差し出していました。ここからも理解できるように、**こちらの持ち分を差し出すことこそ折り合いの本義**なのです。差し出す持ち分は、相手の意をくむことだったり、自分の欲求の一部を棚上げすることだったり、さまざまでしょう。

差し出すことこそ折り合いの本義といえる理由。それは、**互いに事情を抱えた者同士が両者の間で問題を抱えた場合、どちらも完**

全な満足を手放さないとどちらの顔も立てられないからです。どちらも利を得るということが折り合いを機能させるのではなく、どちらも差し出すという営みこそ折り合いを機能させるのです。そう考えると、折り合うというのは、損得を越えた営みといえそうです。

　ちなみに、差し出された互いの持ち分はどこに届けられるのでしょう。それは、**折り合う相手との間で共有される場**です。1対1の人間関係の問題であれば、折り合うことによって差し出される自分の持ち分は、1対1の関係性という場に届けられる。職場の問題を解決するために折り合うのであれば、各自が差し出した持ち分はスタッフの関係性が営まれる場である職場に届けられる。そんなふうに、**互いの持ち分を、折り合う者同士が共有する場に届ける営みが、折り合いを機能させる**のです。

　折り合うことを提案すると、「なんでこっちが向こうに妥協しなきゃならないんだ」と思う人もいます。しかし、妥協するのは相手に対してではなく、相手との間で共有する関係性という場、に対してです。そうであるからこそ、自分の持ち分を差し出す営みは、一方的な持ち出しとはならないのです。

コミュニケーションを機能させる

　では、こうした営みが、共有する場に何をもたらすのでしょう。それを知るために、人間関係の悩みは何によってより深刻になるかを改めて考えてみましょう。ネガティブな対応で紹介した事例は、それぞれの対応がネガティブであったということ以外に、ある大きな共通点がありました。それは、コミュニケーションが機能していないということです。嫌う、無視する、陰口を聞かされる、厳しく注意するなど、いずれの場合もコミュニケーションが途絶えたり、一方的になったりしていました。

　コミュニケーションとは、互いが伝え合い、受け取り合う双方向的なやりとりなのに、途絶えたり一方的になったりして双方向と

なっていない時点で、機能していないことになります。そしてこれは、ポジティブな対応がうまくいかなかったそれぞれの事例でも起こっていたことでした。こうしたコミュニケーションの機能不全が、互いの関係をますます悪化させるのです。

　ここで再び、ツグミさんのケースを持ち出しましょう。ツグミさんは、嫌いになるようなラベルを相手に貼ってしまい、これが余計に相手を嫌わせるという悪循環に陥っていました。そうなると、相手とやりとりすることが極端に難しくなってしまいます。上手に嫌うマイナーチェンジのポイントは、「嫌いな相手を象徴するキャラクターを作り、それを新たなラベルとして相手に貼る」ということでした。その際、嫌いな相手とキャラを分けておくことが重要であると述べました。そうする意図は、相手とかかわる余地を生み出すことにあります。

　こんなふうに、マイナーチェンジで紹介した提案は、滞っていたコミュニケーションを再び機能させることを狙いとしています。**折り合うことによって人間関係にもたらされる果実こそ、コミュニケーションが機能するということ**なのです。独り占めするのではなく、差し出した持ち分が、互いを結びつける場に届けられることによって、コミュニケーションが機能します。折り合いの本義である「差し出し合う」という営みによって、職場の居心地はよくなっていくのです。

　とはいえ、やはり自分の持ち分を差し出すことに抵抗を感じる人もいると思います。今の時代のように社会から余裕が失われ、自己責任という言葉が飛び交うような世相だとなおさらそう思っても不思議ではありません。そうしたなか、多くの人が自分の持ち分を差し出すには、何が力となるのでしょう。次節では、「折り合うための奥義」について、話を深めてみましょう。

多様性を尊重した職場は キラキラしているのか

多様性の尊重って？

　第2章と第3章では、さまざまな事例を紹介しました。事例に登場した人物は、いろいろな事情や価値観を抱えた人たちでした。そしてそれは、あなたが今いる職場や、これまで働いていた職場でも、同じだと思います。あなた自身も、いろいろな事情や価値観を抱えながら働いているのではないでしょうか。私たちが働く職場は、そうした人々の多様性から成り立つのですね。

　多様性という言葉はダイバーシティともいわれ、ビジネスの世界では多様な人材を登用することで、組織の競争力を高めようとする意味合いで使われます。でも、本当にそれを多様性と呼ぶのであれば、たとえば指示がないと動けない人や、失敗を重ねてしまう人などは、多様な人材として雇用されるでしょうか。おそらく、足手まといになるからと、敬遠されると思います。あるいは、指導力のない人、協力できない人、うまくやりとりできない人などはどうでしょう。こうした人々も、生産性を高めないという理由で敬遠されるかもしれません。また、陰口を平気で言う人、誰かを嫌う人、誰かを無視する人といった人々も、組織の和を乱すという理由で敬遠されるでしょう。

　このように本書で登場した人々は、ビジネスの世界で用いられる多様性の論理で考えると、排除されてしまいかねません。でも、これは組織を潤すための手段として「多様性」を用いているのであって、組織を大切にしていても人を大切にしてはいないと思うのです。**多様性を尊重する職場とは、誰であってもいることを許される職場**だといえます。そうした意味で、**多様性を尊重する職場を育てるには、人を大切にする組織をつくり出すことが必要になる**のではないでしょうか。

完全に居心地のよいものとはならない

　私がここで述べたい多様性とは、文字どおり、多様な人々すべてを表します。そんな多様性を尊重した職場を、あなたはどのように思いますか。穏やかで美しい環境を想像するでしょうか。多様性を尊重した社会は、誰もが住みやすいキラキラした状態として語られることが多いようです。でも、本当にそうなのでしょうか。

　あなたが仮に、サバンナに住むシマウマだとしたら、ライオンやチーターのような肉食動物は、いなくなってほしいと思って当然です。しかし、多様性を尊重した社会とは、そんなふうに一方を排除するような社会ではなく、どのような立場であっても包摂される社会を指します。そう考えると、多様性を尊重した社会は、必ずしもキラキラしたイメージではないのかもしれません。

　職場は、多様なスタッフから成り立つ場所です。多様性を尊重した職場を育てるには、先ほどの話にもあったように、生産性を高めないように見えようが、組織の和を乱すように見えようが、そうしたある種の人にとって苦手な人も含めた職場で働くことを受け入れなければなりません。だからこそ、多様性を尊重した職場とは、私たち一人ひとりにとって**完全（パーフェクト）に居心地のよいものとならない**。そういう宿命を背負っているともいえます。

　多様性を職場で抱えるには、それぞれのスタッフの事情や立場をくんで働く必要があります。事情や立場が職場のスタッフみんなでピッタリ合うことはありえないと理解し、「仕方ない。ここは譲ろう」とそれぞれ妥協することが求められます。

それでも多様性が尊重される職場がよいワケ

多様な議論が生まれ、視野が広がる

　多様性を尊重する職場は、誰にとっても完全に居心地のよいものとならないかもしれない。それに、多様性を尊重した職場を育てようとすれば、自分も一定の妥協を職場に差し出さなければならない。そうであったとしても、私は多様性を尊重した職場をつくり出すというチャレンジは有意義だと思います。

　たしかに、気心知れた者同士でやったほうがうまくいくという考えもあります。「世の中を見たいように見る」という性質を備えた私たちにとって、見たい方向が一致した集団に属することは、きっと居心地のよいことでしょう。世間で散見される価値観の分断は、そうした人々の集まりによって構成されたグループ同士の対立として可視化されます。その対立を少し引いて見てみると、「どっちも極端だなぁ」と思うこともあります。

　みんなが同じ方向を向いていると、そこから生まれる営みは極端になりやすい。多様性を排除し、似た者同士で構成される職場の落とし穴の1つです。そのうえ、向いているほうとは違う方向に大切なことがあった場合、それを見落とすリスクを抱えることにもなります。

　全員が「前に突っ込め！」と猛進する先に崖があれば、全滅する。こうしたときは、「自分はこの場にとどまりたい」「そんなに速く進めないからゆっくり行く」「自分は違う方向に進みたい」という人がいたほうが、その集団が生き延びる可能性を高めます。

　そう考えると、職場やコミュニティを構成する人々のウイングが広いというのは、とても大切なことなのです。それによって多様な議論が生まれ、私たちの視野が広げられます。職場を含め社会が多様な人々によって構成されているというのは、とても大事な意味が

あります。

人（スタッフ）を大切にできる

　人のあり様は多様なのに、**特定の人にだけ居心地のよい社会構造を保つのは公平ではありません**。その多様さは、嗜好や価値観のような個人のコントロール下にあるものもあれば、出自や障害のように個人でコントロールしづらいものもあります。国は、国や地方公共団体、一定数以上の従業員を抱える民間企業に対し、障害者を雇用する義務を課す障害者雇用率制度を設けています。障害者を雇用する割合を法律で定めなければならないのは、多くの職場で障害者が雇用されにくい状況があるからです。これは、明らかに障害のある人には居心地の悪い社会構造です。

　障害者雇用率を課す領域のなかに、国や地方公共団体まで含まれることに、事態の深刻さがうかがえます。というのも、国や地方公共団体の活動は、私たちがどのような状態であっても、安心して暮らしていくための生存権を保障する社会資源を担うものであり、効率や生産性などのビジネスモデルと並立する営みではないからです。企業のように、短期的な利潤を追い求める必要がないにもかかわらず、法定雇用率を設けなければ一定数の障害者を雇用できないほど、事態は深刻なのです。どのような状態であれ、働きたいと思う私たちの健やかな欲求が満たされる社会のほうがよいと、あなたも思うのではないでしょうか。

　そもそも、**人（スタッフ）を大切にできない組織に、対人援助の本質である人（利用者や患者）を大切にできるとは思えません**。だからこそ、対人援助の職場では、本来の多様性を尊重することが大事になります。

理想をデフォルトにすることの窮屈さ

　そうした多様性を、職場をはじめコミュニティのなかにしっかりと抱えるために求められる態度は、**寛容**です。気に食わない相手を排除しようとする不寛容さは、多様性をコミュニティに包摂する力とはならないからです。けれども、多様性の議論には本来寛容さが求められるのに、不寛容な議論に陥って逆に個人やコミュニティを窮屈にしてはいないでしょうか。

　SNS上では、ある人が自分と異なる立場についてのコメントをつぶやくと、炎上することがしばしば起こります。なかには、つぶやいた人を徹底的に糾弾して、アカウントの閉鎖にまで追い込むような事例もあるようです。もちろん、ある立場の人を意図的に傷つけようとする、明らかに悪意のある表現が論外なのはいうまでもありません。けれども、発せられた言葉が少しでも自分の理想からかけ離れていると、頭ごなしに糾弾する。それって、とても窮屈だと思いませんか。どのあたりに窮屈さを感じるかを述べるために、以前知人から聞いたエピソードを紹介します。

　彼は、SNSでとある女性アスリートの奮闘を、「男前でカッコいい」と称賛しました。すると、その書き込みに対して「女性蔑視だ」とか「おまえはクズだ」のような否定的なレスポンスが寄せられ、ちょっとした騒ぎになったというのです。女性アスリートの奮闘であるにもかかわらず、「男前」と男性を持ち上げる言葉で評してしまったことが、女性を蔑ろにしていると一部の人に映ったようです。

　この言葉を使った知人に男性優位の視点があったとすれば、それは彼の弱さであり成熟に向けた課題です。にもかかわらず、不特定多数の人から強い口調で徹底的に糾弾される。そこには、「こうあるべき」という強い理想像をデフォルト（あらかじめ設定された標準の状態）とした人の営みへの平板な理解しかなく、弱さを加味し

た人のあり様を考量しようとする態度のかけらもない。ここに、私は窮屈さを感じたのです。

　多様性の議論にとどまらず、社会の成熟を促す考え方が広がることはよいことだと思います。そのために、多くの人が議論に参加することも悪いことだとは思いません。しかし、「こうあるべき」のような理想をあまりに強く掲げてしまうと、その理想に満たない言動は糾弾の対象となってしまいます。**ここに欠けている視点は、人がもつ弱さに対する想像力**です。その視点が欠けた場には、参加者すべてに資するような議論が生まれる余地はまったくないといえます。

人にはさまざまな
事情がある

 ## 職場の成熟を阻む
デフォルトした理想

　多様性を当たり前のように認める社会になってほしい。誰もが健やかに暮らせるような世の中であってほしい。こうした社会的成熟を考える際に、理想から少しでも外れたふるまいはしてはいけない、ということをマナーにするのがよいことだと、私は思いません。それどころか、社会的成熟に向けたチャレンジを後退させてしまうのではないかと思ってしまいます。なぜなら、人の弱さを考慮

せず、理想と外れた言動に対して、**頭ごなしに糾弾するような世間の空気は、糾弾された側を含め世間一般の「自分の課題としてそのことについて考える」という態度を促すことにはならない**からです。

　先ほどの知人のケースで考えてみましょう。知人が、「この書き込みがなぜ悪いのか」と理解できないまま、「袋叩きにされると嫌だから、ネット上ではこんな言葉を使わないようにしよう」と思ったとしたらどうでしょう。ジェンダーの問題について自分の課題として考える機会を、知人は逃してしまうことになります。

　よりよい社会に向けて議論が深まってほしい。そうして、誰もが健やかに暮らせる社会に成熟してほしい。けれども、そうした成熟に向かうプロセスで、自分が抱える弱さをありのまま表すことを恐れ、社会的に望ましい話法を「借り物」として用いる。これは成熟ではなく、**ただの抑圧**です。

　本来、よりよい社会に向けて私たちが成熟するプロセスは、未熟さをベースとしているはずです。初めから成熟していれば、成熟するプロセスは必要ないからです。それなのに、未熟さゆえの言動を示したところ、周囲から叩きのめされてしまう。周りが理想をデフォルトとしている限り、その理想に向けた社会の成熟を前進させることは難しいでしょう。

　そして、それは職場についても同じことがいえます。職場を居心地のよいものとするために、「こうあるべき」という理想をデフォルトにしてしまうと、そこに向かう人々の営みを勇気づけることができなくなります。

コミュニケーションを機能させるために必要なこと

誰もが弱さを抱えていることを知る

多様性を尊重する職場は、誰にとっても完全に居心地のよい職場ではないかもしれません。でも、誰であってもいることを許される職場だからこそ、誰にとっても公平に居心地がよいのは事実です。そうした職場をつくり出すために必要なこと。それは、**弱さを勘定にいれる**ということです。

本書では、「ネガティブな対応を上手にするには」という問いをたて、そのためのマイナーチェンジについて述べていました。これは、上手にすることで、関係する双方が報われる、という折り合いを目指しています。とはいえ、ネガティブな対応をしないことを目指さなかったのはなぜか。それは、まえがきでも述べたように、**しないに越したことはないとわかっていても、ついしてしまう弱さを、私たちが抱えている**からです。

どんなに背伸びをしても、「こうあるべき」という理想からはじめることはできない。だとしたら、弱さを勘定にいれて無理のないところから私たちの営みを進めたらよいのではないでしょうか。ポジティブな対応についても同じです。最初から完璧に行うのではなく、マイナーチェンジのポイントを探ってみたのも、一度によりよい状態に到達できるほど、私たちは強くないからです。

ネガティブな対応であれ、ポジティブな対応であれ、できるところから小さくはじめればよい。そのために、マイナーチェンジのポイントを提案しました。これらの提案が誰にとってもほどよいマイナーチェンジであったかというと、そうでもないと思います。皆さんのなかには、「これは自分にはメジャーな変化だよ」と思える提案もあったかもしれません。誰にとってもマイナーな提案を届けられなかったとすれば、それは私の不完全さ（弱さ）に由来すること

です。そこをくんでいただければ、「まぁ、この筆者も人間だし仕方ない。書かれていることを参考にして、自分なりのマイナーチェンジを考えてみよう」と思えるかもしれません。

弱さを勘定にいれる

ここからもわかるように、弱さを勘定にいれることで、相手の言い分をまずは聞いてみようと思えます。つまり、**弱さを勘定にいれることが、多様な人間同士のコミュニケーションを機能させる**のです。居心地のよい職場をつくり出すための議論は、特定の誰かの語勢の強さによってなされるものではありません。誰もが自分の課題として考えることによって育てられるものです。だからこそ、多様な人間同士のコミュニケーションを機能させる必要があります。

「強く言わないと聞き入れてもらえない」とか「言ってもわかってもらえない」という偏ったコミュニケーションに陥るのではなく、お互いが聞く耳をもち、お互いが自分のこととして、職場環境について考える。そのためにも、「弱さを勘定にいれる」という態度が大事になると、私は思うのです。

弱さを勘定にいれるとは

弱さを勘定にいれるとは、「こうすべき」とか「こうでなければならない」という定型句をできるだけ使わないようにするということでもあります。そもそも、そうした「すべき思考」が生まれるのは、そうできない弱さが私たちにあるからです。だとすれば、「こうすべき」のような言葉を自分や他人に向けてしまう、弱さを勘定にいれていないその営みは、当事者を追いつめるばかりでうまくいかないでしょう。「弱さなんか、これっぽっちもない」という人は、きっといません。**弱さを勘定にいれていない考えから生まれたものは、私たちの営みになじまない**と思います。「絵に描いた餅」とは、そういうことをいうのでしょう。

本書で取り扱ったキーワードである、「折り合う」という営みは、お互いの顔を立てるということでした。そしてそれは、互いの持ち分を共有する場に差し出すことで機能します。誰もがもっている弱さを勘定にいれるからこそ、人は自分の持ち分を差し出そうと思えるのです。だとすれば、**人と折り合う流儀、いや奥義とは、「弱さを勘定にいれる」**ことだといえます。

さっそく、弱さを勘定にいれるという視点をもって、職場に向き合ってみてはいかがでしょう。そうすると、職場のスタッフとの間で、折り合える余地をじんわりと見つけ出すことができるかもしれません。そうした態度は、職場だけでなく、さまざまな場面に向けてみることができます。

たとえば、家族が理解してくれず腹を立ててしまうのは、「家族であれば私のことを理解すべき」という理想をデフォルトとしています。「たとえ家族であっても、すべてを理解するのは難しいものだ」という弱さを勘定にいれると、見方はどう変わるでしょう。

部屋を片づけられない子どもに怒りを感じるのも、「部屋は常に

第4章

折り合いながら
居心地のよい職場をつくり出す

整理整頓されるべき」という理想をデフォルトとしています。「すぐに大したことにならなければ、人は易きに流れるのを自制できない」という弱さを勘定にいれると、見方はどう変わるでしょう。

弱さを勘定にいれることで、過剰な期待を緩めることができます。家庭であれ、職場であれ、地域であれ、どのようなコミュニティであっても、そのほうがきっとお互いに居心地よく暮らせるのではないでしょうか。

正論で世の中は変わらない

　本書のテーマの1つは、「居心地のよい職場」でした。居心地の
よい職場とは、どのような職場をいうのか、私なりの考えを述べて
みようと思います。そのために、少し視野を広げて、誰もが暮らし
やすいコミュニティとは、どのようなコミュニティかについてまず
は考えてみましょう。

　私たちの社会では、支えを必要とする人へのバッシングがたびた
び起こります。あなたも、次のような言葉を聞いたことがないで
しょうか。「働いた自分の税金を、なぜ働かない人に回さなければ
ならないんだ」。これは、生活保護を受給する人に向けられます。「生
活習慣が原因で病気になった人の医療費を、健康な自分たちが払う
のはバカらしい」。これは、病を抱えた人に対して、しばしば耳に
する言葉です。「満員電車でスペースがないのにベビーカーで乗っ
てこないでよ」。こうしたことは、都会の電車の中で時折見られる
光景だといいます。「生産性が低い障害者を、社会的に擁護する必
要はない」。こうした考えを背景として、悲しい事件が起こります。

　最初に強調しておきたいのは、これらの言説は事実に基づかない
誤った認識です。それに、こうしたバッシングが社会をよりよいも
のにすることは決してありません。とはいえ、「そんなバッシング
をするのはよくない」という正論で、支えを必要とする人へのバッ
シングが世の中から消えることはありません。第4章の2（p.164）
でも述べたように、理想をデフォルトしても、コミュニティに属する
私たちの成熟を後押しする力とはならないのです。ところで、本書
のなかで私は折に触れて次のような言葉をあなたに届けています。

　「誰もが自分にしかわからない事情を抱えながら生きている」

　だとしたら、支えを必要とする人をバッシングする人々には、ど
のような事情があるのでしょう。

余裕のなさと自己責任論は 弱者をたたくことを強める

世の中から余裕がなくなっている時代

そもそも、こうしたバッシングがあちらこちらで見聞きされるのはなぜなのでしょう。さまざまな理由があるのでしょうが、社会から余裕がなくなり、自己責任論が幅を利かすようになったことが大きいのではないかと思います。

日本は、もう何年も財政赤字が続いています。そのために、いたるところで「選択と集中」というギャンブル性の高い政策が進められています。当たりそうなところにお金を集中させる。でも、当たらなければその政策はますます日本を後退させる。残念ながら、今のところ大当たりした政策は見当たりません。個人レベルで見ても、私たちの所得は長年上がる気配がない、正規雇用が減り非正規雇用が増える、正規雇用であっても長く勤められる保障はない。そういう時代を生きています。

こんなふうに、世の中から余裕がなくなると、自己責任論が力を増してしまいます。天気のよい日には傘を貸してくれる人はいても、大雨の日に傘を貸してくれる人は途端に少なくなる。「傘を忘れたあなたの責任でしょ」という言葉とともに。**世の中から余裕がなくなり、自己責任論が幅を利かすようになると、弱者をたたく風潮が広がりはじめます。**

競争に勝ち残ろうという世相に振り回される

世の中から余裕がなくなるということは、今までみんなが群がっていたパイが、すでにみんなで群がれないほど小さくなりはじめているということです。そんなときに、自己責任という言葉が幅を利かすと何が起こるでしょう。それは、小さくなりはじめたパイを奪い合う、弱肉強食のグロテスクな競争です。なぜなら、自己責任と

は結局、「**この先どうなるかは、すべて自分次第。割を食いたくな ければ、競争に勝ち上がれ」という価値観で暮らすこと**だからで す。

そんなふうに競争が強いられて、負けたら野垂れ死ぬようなメッ セージに日々囲まれて暮らしていると、何が起こりやすくなるで しょう。私たちは、生存欲求や苦痛を避けたいという欲求を、誰も がもっています。そうした強い生存欲求や苦痛回避欲求に突き動か されて、弱者を押しのけてでも生き残ろうとあがいてしまうことも 起こり得ると思うのです。しかし、**弱者を押しのけてでも生き残 ろうとする行為は、それをする人が増えれば増えるほど、自分よ りも強い者にいつか排除されるという結末を迎える**ことになりま す。

そうなると、生き残るためにますますなりふり構わずふるまうよ うになるかもしれません。支えを必要とする人へのバッシングを重 ねる人は、「そうやって自己利益の追求に固執しなければ、自分を 守ることができない」、と思わせる今の世相に振り回された被害者 でもあるのではないか。私は、そう思うのです。

 ## 率先して責任を背負わない人が増える

率先して責任を負う人が職場にいるかの評価ポイント

世の中から余裕がなくなり、自己責任論が幅を利かすようになる と、弱者たたきが広がるほかにコミュニティにある変化が起こりま す。それは、「率先して責任を背負おうとする人が少なくなる」と いうことです。

ふり返ってほしい日常風景があります。あなたが働いている職場 には、率先して責任を背負おうとする人が、自分を含めてどの程度 いるでしょうか。次の3つのポイントから評価してみてください。

①役割の決まっていない仕事を
　自発的に担う人が一定数いるかどうか

　職場には役割分担がはっきり決まっていない業務がたくさんあります。たとえば、切れかかった電球を交換するとか、床に落ちているゴミを拾うとか。そうした、誰の役割か決まっていない仕事は、その職場で働く人々の自発的な取り組みで処理されることがほとんどです。ですから、率先して責任を背負おうとする人が少なくなると、その職場は見た目から荒れはじめます。

②配慮の必要な人に対して
　手を差し伸べる人が一定数いるかどうか

　何らかの病や障害を抱えているために、他の人と比べて特定の務めに十分に力を発揮できない人がいます。そうした人がいた場合、その人の力を補って動こうとする人がどの程度いるかが、これにあたります。あるいは、責任感が強かったり、断れなかったり、そうした特定の人の仕事がどんどんたまっている。なのに、周りの人はその人の仕事の一部を担ったり、一緒に手伝おうとしたりしない。これも、配慮が必要な人に対して手を差し伸べていない状態といえます。

③みんなで意思決定する場面で
建設的な発言をする人が一定数いるかどうか

　職場をどのような場として育てるかは、その職場で働くスタッフみんなの責任です。にもかかわらず、会議ではほとんど発言しない。あるいは、発言しても大きな声で他の人や何かの批判ばかりして、建設的な意見を出さない。一方で、陰ではあれこれと悪口が飛び交っている。こうした状態も、率先して責任を背負おうとする人が少ない職場といえます。

　自分の職場をふり返ってみて、率先して責任を背負おうとする人はどの程度いたでしょうか。「私の職場は、そうした人が多い」と思った人は、とても素敵な職場で働けていると思います。その職場で働くことが、さほど苦にはならないでしょうし、居心地がよいのではないでしょうか。

無関係なままでいると職場も荒んでいく

　率先して責任を背負おうとする人が少ない職場で働いている人は、きっと居心地の悪さを感じているのではないでしょうか。なぜなら、**率先して責任を背負おうとしない人が多い職場は、「何かあっても自分は無関係でいたい」という人が多い職場**だからで

す。職場を御輿にたとえると、率先して責任を背負おうとする人が少ない職場は、担げる人は一定数いるのに、実際に担ぐ人が少ない御輿のようなものです。見た目も覇気がないその御輿は、担ぎ手の負担がとても大きいでしょう。そして、いつかはその負担に耐えかねて、御輿は崩れてしまいます。「何かあっても自分は無関係でいたい」という気持ちから責任を背負おうとしないでいると、**結局職場でトラブルや困難が起きるリスクを自ら高めてしまい、その職場にいる限り自身も割を食うことになる**のです。

　「職場がもたないのなら、違う職場に移ればいい」と思う人もいるかもしれません。でも、そうやって多くの人が職場で率先して責任を背負おうとせず、この職場ではダメだと思うと違う職場に移るような食い荒らす働き方をすれば、そのうち職場はすべて荒んでしまい、安心して移れる職場はどこにもなくなってしまいます。

対人援助とは時間軸の異なる自分助け

コミュニティにいる人は自分と似た者である

　以上の話からみえてきた、誰もが暮らしやすいコミュニティ。それは、「何かあったら自分も責任を背負う」という態度に基礎づけられた人が多いコミュニティだといえます。もう少し具体的にいうと、**「支えを必要とする人がいれば、できる範囲で力を届けよう」と思える人が多いコミュニティ**です。「支えを必要とする人がいても、自分は無関係でいたい」という人が多いコミュニティよりも暮らしやすいのは想像に難くないですね。

　支えを必要とする人を「弱者」と呼ぶのであれば、弱者とは誰のことをいうのでしょう。先ほど、貧困を抱えた人、病を抱えた人、子どもを連れた人、障害を抱えた人へのバッシングがあちらこちらでみられるという話をしました。そしてそれは、世の中から余裕が

なくなり、自己責任論が幅を利かすようになった社会的事情が関与しているのではないかと述べました。

　それと同時に、支えを必要とする人をバッシングする人々は、彼らが自分とは異なる存在だとみなしている節もあるように思います。そのことを示唆する研究が、海外で発表されました。それは、「自分と似た者を好ましいと感じ、自分と異なる者を差別する心性を、人は乳児期から有している」(Wynn, 2016) という知見です。この見解に基づくと、支えを必要とする人に対する差別がなぜ生まれるか、その理由の一端が理解できます。「支えを必要とする人は、自分とは異なる」という捉え方がそうさせるのです。

　一方で、この知見は、そうした差別を克服するヒントも与えてくれています。それは、「自分が属しているコミュニティは、似た者によって構成されている」という気づきを得ることです。**コミュニティの構成員がみんな自分と似た者であることに気づくことができれば、コミュニティに属する人々を排除する論理が働きにくくなる**からです。

かつての自分やいつかの自分を支える営み

　「理屈はわかった。でも、コミュニティにはさまざまな人がいる。なのに、『自分たちは似た者同士だ』と思える共通点なんてあるのか」と思う人もいるでしょう。あります。それは、「**弱さ**」です。

　私たちは、誰もが等しく弱さを抱えています。人と折り合う奥義は弱さを勘定にいれることだと述べましたが、弱さをみんながもっているからこそ、奥義となります。自分には弱さなんてないと思う人は、ただ自分の弱さに気づいていないだけなのです。だとすれば、支えを必要とする人を「弱者」と呼ぶのであれば、弱者とは誰のことをいうのか、もうおわかりいただけると思います。**弱者とは自分自身のこと**なのです。

　弱者が自分自身だとすれば、貧困を抱えた人、病を抱えた人、子

どもを連れた人、障害を抱えた人は、いずれも自分自身だということになります。

　経済的余裕は、自助努力だけではどうにもならないことを、私たちは社会から思い知らされます。貧困は、決して遠い世界の話ではなく、誰の身にも開かれているものです。

　病や障害は私たち誰にでも起こり得ます。そのことに気づかせてくれたのは、私の母でした。母は、中年期の真っただ中にいるときに難病を得て、その進行とともに障害も得たのでした。母は、「人は、今日まで健康に暮らしていたとしても、明日になれば私のように難病や障害を抱える可能性がある存在なのだ」ということを、身をもって教えてくれました。年をとると誰もが病を抱えやすくなりますが、いずれはその高齢者に、私たちが運よく長生きすればたどり着くのです。

　公共の場で子どもがぐずるのを快く思わない人もいるでしょう。けれども、そうした人もかつて子ども時代があり、散々ぐずった自分をコミュニティに受け入れてもらいながら育ってきたのです。「自分は赤ちゃんの頃から大人になるまで、誰かの世話になったことが一度もない」という人はいません。

　今がそうでないからといって、自分は支えを必要とする状態と無関係というわけではありません。弱者は、かつての自分だったり、いつか訪れる自分だったりするのです。そう考えると、私たち対人援助職が力を注ぐ、弱者を支えるという営み（対人援助）は、かつての自分やいつかの自分を支えるという意味で、**時間軸の異なる自分助け**だといえます。誰もが一度は聞いたことがある「子ども叱るなかつて来た道、年寄り笑うないつか行く道」という俚諺（りげん）は、そのことを私たちに気づかせてくれているのです。

居心地のよい職場とは

　仕事をうまく回せない。ミスを重ねる。そうしたことを、「その人の責任」に帰すのではなく、みんなでカバーしようとする。そうしたことができるのは、**弱さが特定の個人の特性ではなく、誰にとっても自分自身の属性**だからです。

　第4章の2（p.169）で、人と折り合う奥義とは、弱さを勘定にいれることだと述べました。それは、自分のもっている弱さも含まれます。自分の中にある弱さの自覚は、弱さという共通点を抱えた同胞への好感を抱く力となります。そして、自分の中にある弱さを自覚できるからこそ、他人の弱さを見て、そこに自分を重ねることができるのです。そうすると、世の中から余裕がなくなっても「自分がどうあるかは自分次第」というレベルでの自己責任を超えて、「コミュニティがどうあるかは、自分も責任の一端を担う」という意味での自己責任を背負うことができるのではないかといえます。

　以上の話から、居心地のよい職場とはどのような職場であるか、明確に定義することができます。それは、**「支えを必要とする人がいれば、できる範囲で力を届けよう」という価値を大切にしたスタッフによって成り立つ職場**です。どんなに重い御輿も、担ぎ手の数が多いほど一人が感じる重さは大したものではなくなります。そして、その御輿の担ぎ手は、みんな「弱さ」という共通点を抱えています。

一緒に担ぐよ

あなたにお願いがあります。自分の中にある弱さを、どうかやさしく受け止めてあげてください。その弱さこそが、人と人とが支え合う力となるからです。私の母は、困っている人を放っておけない人でしたが、病を得て身体に深刻な苦痛が伴うようになってから、ますますその傾向が強まりました。病による痛みや障害による不自由を抱えながら、最期まで支えを必要とする人に力を届けようとし、寝たきりとなってからは言葉をもって私を含め周りの人を勇気づけてくれました。自分の中にある弱さを自覚したからこそ、同じく支えを必要とする人に力を届けられたのだろうと思います。

　弱さがあるからこそ、同じ弱さを抱えた同胞に力を差し出せる。そう考えると、誰もが弱さを抱えているというのは、実は計り知れないほどの恵みだといえますね。

　この先どのような社会が待ち受けていようと、「支えを必要とする人がいれば、できる範囲で力を届ける」という価値を私たちが共有している限り、きっとみんなで一緒に乗り越えていけると思います。それと同時に、安心して弱さを表せるような職場であれば、なお居心地がよいでしょう。そうした職場づくりに向けて、さまざまなスタッフとの間でコミュニケーションを機能させる必要があります。そのためにも、弱さを勘定にいれて折り合うという営みを、職場の人間関係を育む手段として大切にしていきたいですね。

■文献
Wynn K. "Origins of Value Conflict: Babies Do Not Agree to Disagree." *Trends in Cognitive Sciences*. 2016; 20（1）: 3-5.

自分のメンテナンスは 業務の一環

メンタルヘルスは大切な課題

第1章の1（p.2）では、私たち研究チームが行った介護職員を対象とした調査の結果を紹介しました。その1つが、職場のスタッフとの人間関係の悩みをもつ人は、もたない人と比べて2倍程度、離職意図が高かったというものでした。実は、調査には続きがあり、**心理的苦痛を抱えている人はそうではない人に比べ、約5倍、離職意図が高まりやすい**ことも見出されたのです。実際、対人援助職の休職や離職の原因の1つに、うつ病などにより精神的不健康に陥ることが挙げられます。

私たちの生業である対人援助職は、働きがいのある仕事ですが、その分、抱えるストレスも小さくありません。自分の限界を超えていたり、終わりが見えないようなストレスは私たちを疲弊させ、うつ病などの心の不健康のリスクを高めてしまいます。さまざまな調査からも、対人援助職はそれ以外の職種の人々と比べて精神的不健康を呈する割合が高いことが示されています。こうしたことからも、職場の人間関係に匹敵するほど、対人援助職のメンタルヘルスは大切な課題といえるでしょう。

自分に向けて力を充電する

私は、うつ病を患った人のカウンセリングをする機会が少なくありませんが、そのなかの一定数に対人援助職の人がいます。お話を伺うと、利用者や患者のために全力で支援を届けている様子がありありと想像できます。一方で、彼らにはある共通点があります。それは、**自分へのケアが十分にできていない**ということです。むしろ、それができていれば、ここまで追い詰められていなかったのではないかと思えるようなケースが大半です。

ところが、自分へのケアについて尋ねると、多くの人はこう言います。「自分のことよりも、利用者や患者のことを優先しないといけないと思って」と。つまり、自分のメンテナンスは後回しにして、利用者や患者の支援を第一に仕事を回していかなければいけないと考えているのです。

　あなたは、この考えについてどう思いますか。もし、「そのとおり。私たち支援者は何よりも利用者や患者を第一に仕事をするべき」と思ったとしたら、あなたの心の健康は黄色信号が点灯している可能性があります。なぜなら、**それだと相手に力を出すばかりで、自分に向けて力が充電されること**がないからです。

　燃料を入れずにストーブを燃やし続けていると、いつかは燃え尽きてしまう。それと同じことが起こってしまいます。支えを必要とする人に向けて、十分な支援を届ける。そうして、相手をしっかりと温めてあげようとすることは、本当に尊い営みです。でも、それを続けるためにも、あなた自身の心もしっかりと温めてあげてほしいのです。

　それでも、自分をメンテナンスすることに抵抗を感じてしまうようなことがあれば、こう考えてみてください。介護や福祉、医療、看護など、対人援助の職場では、さまざまな道具や機材を用います。それを使い終えた後、必ずメンテナンスをします。その理由は、次もそれを使って仕事を回すためです。なので、支援の際に用いる道具や機材をメンテナンスするのは、よい仕事をするうえで当然の業務だと思えるでしょう。

　では、そうした道具や機材を使うのは誰でしょう。そして、そもそも利用者や患者の支援を進めるうえで、要となる存在は誰でしょう。それは支援者です。だとすれば、**自分のメンテナンスは、よい仕事をするための業務と考えてもおかしくありません**。そう、「自分のメンテナンス」は対人援助職にとって、大切な業務なのです。

自分をメンテナンスする

自分の想いをくむ

つらくなることがあれば、自分の心の声をじっくりと聞いてあげてください。もしかすると、「こうすべき」という声がすぐに聞こえてくるかもしれません。でも、それがあなたをますますつらくさせているのであれば、「こんなにつらいのに、そんなふうに考えてしまうんだね」と自分の心を承認してあげたうえで、その声はいったん置いておきましょう。そして、あなたの心にじっくりと耳を傾け、「こうしたい」というあなたの声を聴きだしてあげてください。

「こうしたい」というあなたの想いが、これまでずっと満たされることのないまま心の奥にしまわれていたのであれば、その想いに沿ってできることをしてみてほしいのです。

本書では、自分と他人が折り合うためのさまざまな流儀を紹介しました。でも、どんなにがんばっても、他人と折り合えないと感じることもあると思います。そんなときは、他人と距離をとってよいのです。**自分自身が置き去りにされて、相手に向き合おうとするのは、折り合いではありません。それは、ただの抑圧です。**折り合いとは、どちらかに一方的な我慢を強いるものでは決してありません。自分をメンテナンスするとは、「本当はこうしたいんだ」という自分の想いをくみ、そのためにできることを、自分にしてあげることなのです。

自分で抱えこまずに周りに相談する

　自分をメンテナンスするというのは、なんでも自分で解決するということではありません。仲間外れにされる。明らかに悪意をもって一方的な態度を向けられる。残念なことですが、職場ではそうしたことも起こります。そんなときは、一人で我慢したりせず、上司に相談してみてください。とはいえ、上司に相談していいのだろうかと思うと、相談する勇気がわいてこないと思います。

　支援をしている利用者が、あなたに支援してもらっていいのだろうかと気にしていたら、あなたはどう思うでしょう。「それが私の務めだから、そんなこと気にする必要はないですよ」と思いますよね。**部下の相談を受けて職場環境を改善するのは、「ラインケア」といって、上司の務めの1つ**なのです。なので、気にせず上司に相談してみてください。

　そして、自分が上司の立場になったとき、そうやって部下の相談にのってあげてください。上司に相談しても埒が明かないとき、周りに誰も相談する人がいないと思ってしまうときは、カウンセラーに相談してみましょう。

　カウンセラーは、公認心理師や臨床心理士という名称で、全国で活動しています。各都道府県には精神保健福祉センターというメンタルヘルスを担う施設が設置されています。カウンセラーがどこにいるかわからなければ、そちらで尋ねてみるのもよいでしょう。もしも、こんなことをカウンセラーに相談してもいいのだろうかと気になったら、私の次の言葉を思い出してください。

　「それが私たち心の専門家の務めなので、気にせず相談してくれたらいいですよ」

持ち場を大切に

　私たちは人である以上、相手がどう思うかを気にしてしまうのは自然なことだと思います。一方で、それが度を超えてしまうと苦しくなるのも事実です。他人の期待に応えなければならない。他人から悪く思われたらどうしよう。そんなふうに思うと、私たちのふるまいは「自分を抑える」や「おもねる」のように無理が生じてしまいます。こうしたことを八方美人といいますが、それは表現として適切ではありません。八方とは周りにあまねくという意味ですが、そのなかには大切な存在が含まれていないからです。その**大切な存在とは、自分自身**です。

　どんなにがんばっても、あなたの期待どおりに相手が評価してくれるとは限りません。なぜなら、相手がどう思うかは相手の持ち場であり、そこをあなたがコントロールすることは不可能だからです。でも、今していることが自分の想いに適っているかどうかを判断することは、自分でできます。

　相手がどう感じるかについて、あなたが責任を背負う必要はありません。でも、自分がどう感じるかは、自分の持ち場の話です。自分の持ち場でできることをして、自分を大切にしてあげてください。そのとき、自分の中の「こうすべき」と「こうしたい」が真っ向から対立したら、そのときこそどちらの顔も立てる折り合いの流儀を実行しましょう。自分自身と折り合うことも、大きな意味で人と折り合うという営みですから。

　最後に、持ち場についてマイナーな補足をさせてください。持ち場の話をすると、たまに次のようなコメントを受け取ります。相手の困りごとは相手の持ち場だから、持ち場を大切にしようとすれば放っておくのがよいということにならないかと。

第**4**章

折り合いながら
居心地のよい職場をつくり出す

困っている人に対して、自分の持ち場からできることを届ける。これは、相手の持ち場に踏みこみ過ぎるということにはなりません。そして、それをどう受け取るかは、相手の持ち場です。だからこそ、できるだけ相手に適った支えを届けたいですね。そのために必要なことは、**相手の持ち場に立てられた困りごとのサインをしっかりと見る**ということです。そして、それを可能にしてくれることこそ、本書に何度もでてきた**コミュニケーションを機能させる**という営みです。

　コミュニケーションが機能するとは、やりとりが一方通行にならないということです。そのためのささやかな方法を、本書の中で紹介しました。あなたのペースで、そのための流儀である「折り合い」を実践してくださいね。そして、その力を自分自身にもしっかりと向けてあげてください。あなた自身も、あなたとのコミュニケーションを求めていますから。持ち場を大切にすることは、自分と他人を尊重した営みでもあるのです。

あとがき

最後までおつきあいくださり、ありがとうございます。いかがでしたでしょうか。あなたに実践していただけそうなマイナーチェンジは、いくつか見つかりましたか？ 最後までお読みいただくと、居心地よい職場をつくり出すためのマイナーチェンジという小さな一歩は、実は誰にとっても優しい世界が広がる端緒であることがおわかりいただけたかと思います。「折り合う」という視点から、無理せず自分にできることを重ねていく。私たちのそうした営みによって、職場を越えて社会全体が誰にとっても居心地よい場所となればいいですね。

　ところで、先日こんな経験をしました。自宅から職場まで歩いて出勤している私は、その日ふだん以上に速足で歩いていました。別に目的があってそうしていたわけではありません。狭い路地を歩いていると、向こうに犬と散歩をしている人がスマホを見ながら立ち止まって道を塞いでいるのが見えました。こんな狭い路地で立ち止まってスマホなんか見ていたら、ぶつかってしまうじゃないか。私は、そう思ってイラっとしました。そして、その人に速足で近づくほどイライラは強まりました。そのとき、ふと思ったのです。「速足だから、ぶつかることを気にしてイラっとする。でも、のんびり歩いていればぶつかることは回避できるし、ここまでイラっとすることはないのではないか」と。

　このときの私の気づきは、当たり前といえばそうなのですが、もしかすると人間関係もこれと同じことがいえるのではないかと思ったのです。私たちが人との関係で衝突してしまうとき、心の動きが「速足」になってはいないでしょうか。速く結果を求めようとする。速く終えようとする。速くたどり着こうとする。こんなふうに、心が速く動いてしまうせいで、相手のふるまいがそれに見合わないとイラっとする。

　では、なぜ心は速さを求めるのか。それは、通勤途中の私がそうであったように、大した理由はないと思うのです。というよりも、私たちはいつの間にか「速いことが正解である」かのような価値観を無意識に抱えて暮らしてはいないでしょうか。スピードを出して車を運転した。そうして短縮できた時間は、緊急事態でもない限りその後の生活を大きく変えることはありません。こんなふうに、速くしたところで、結果はさほど変わらない。なのに、「より速く」という態度を、私たちは当た

り前のように実践していないでしょうか。

　私は、臨床心理学を学ぶ前に、1年だけ地元の大学で教育学を専攻していました。そのとき、心理学の小柳晴生先生に次のような言葉をいただきました。「急いでなじもうとしない。遅いものには味がある」。大学やそこでの人間関係に早くなじもうとすることが、私を追い詰めていたのを、小柳先生は見抜いていたのでしょう。心の動きが速いから、人間関係が苦しくなる。だとしたら、たまには心の動きを緩めてもよいのかもしれません。それは、ブレーキを踏むような無理を強いることではなく、はじめからスローペースで人間関係に臨むという態度です。そうすると、人との間で余計な衝突は起こりにくくなるのではないでしょうか。それどころか、余裕をもって人間関係を眺めることができるので、これまで見たり聞いたりしなかったこと、総じてこれまで気づかなかったことを相手との関係のなかに見出し、人間関係がもっと豊かになりはしないかと思うのです。そうしたペースで、のんびりと本書を改めて読み直していただくと、新たな気づきがあるかもしれません。

　『対人援助職に効く』シリーズ3作目となる本書は、これまでのように中央法規出版の米澤昇さんとともに立ち上げた企画からスタートしました。米澤さんは、本書の企画のおもしろさを確かな言葉で伝えてくださり、最後まで書き上げる勇気を与えてくださいました。今回、新たに三浦功子さんが担当となってくださり、本書の執筆に最後まで伴走してくださいました。三浦さんは、丁寧に原稿をお読みくださり、読者目線に立った読みやすさや言葉の届きやすさを存分にくんだ多くのアドバイスと励ましを届けてくださいました。そして、これまで同様にデザイナーの岡田真理子さんとイラストレーターの坂木浩子さんには、私が表したかった内容とこれ以上なく調和したデザインとイラストを創り出していただきました。本書に最高の力を届けてくださった皆さんに、心からお礼を申し上げたいと思います。

　そしてもう一人、私にとって大切な人についてふれさせてください。それは、私の母です。母は、本書を執筆している最中に、72年かけて死という人生の最高峰にたどり着きました。本書のなかでも、母から得

た学びを紹介した場面がいくつかありました。母は、生涯にわたって、世界は信頼に足る美しい場所であり、人々は誰もが大切にされる存在であることを、自らの生き方をもって私に教えてくれました。今回の執筆に、そして日ごろの営みに力を届けてくれた母に、心から感謝の気持ちを届けたいと思います。母さん、ありがとう。

　実家の玄関には、母が書いた「試練は恵み」という言葉が飾られています。中年期に難病を得てその進行とともに多くの痛みと不自由を抱えながら、それでもなお人生に絶望せずたくさんの希望を見出した母は、文字どおり試練を恵みとして生き切ったと思います。あなたもきっと、生きていくなかでさまざまな試練に巡り合うと思います。どうかその先々で、あなたに豊かな恵みがもたらされますよう、この本の最後に心よりお祈り申し上げます。そして、対人援助を担う同志として、同じ弱さを抱えた同胞として、一緒に「味わい深い人生」を送っていきましょうね。

竹田伸也

著者

竹田伸也
（たけだ・しんや）

鳥取大学大学院医学系研究科臨床心理学講座教授。
博士（医学）。
香川県丸亀市生まれ。鳥取大学大学院医学系研究
科医学専攻博士課程修了。
鳥取生協病院臨床心理士、広島国際大学心理科学
部講師、鳥取大学大学院医学系研究科講師、准教
授を経て現職。日本老年精神医学会評議員、日本
認知症予防学会代議員等を務める。
主な著書に、『対人援助職に効く ストレスマネジ
メント―ちょっとしたコツでココロを軽くする10
のヒント』（中央法規出版，2014）、『心理学者に
聞くみんなが笑顔になる認知症の話―正しい知識
から予防・対応まで』（遠見書房，2016）、『一人
で学べる認知療法・マインドフルネス・潜在的価
値抽出法ワークブック―生きづらさから豊かさを
つむぎだす作法』（遠見書房，2021）など多数。
アルツハイマー病の早期発見に役立つスクリーニ
ング検査『竹田式三色組合せテスト』（遠見書房，
2022）の開発者の一人である。

対人援助職に効く
人と折り合う流儀
― 職場での上手な人間関係の築き方 ―

2023年6月15日　発行

著　者　竹田伸也

発行者　荘村明彦

発行所　中央法規出版株式会社

〒110-0016
東京都台東区台東3-29-1 中央法規ビル
TEL 03-6387-3196
https://www.chuohoki.co.jp/

ブックデザイン　mg-okada
本文イラスト　坂木浩子
印刷・製本　株式会社アルキャスト